# OEUVRES

## POISSARDES

# DE J. J. VADÉ,

### SUIVIES DE CELLES

# DE L'ÉCLUSE.

C.

# OEUVRES

## POISSARDES

# DE J. J. VADÉ,

### SUIVIES DE CELLES

## DE L'ÉCLUSE;

ÉDITION tirée à 300 exemplaires, dont 100 sur grand papier;
et ornée de Figures imprimées en couleur.

———————————

A PARIS,

Chez DEFER DE MAISONNEUVE, rue Pavée S. André-des-Arts, n°. 12

———

DE L'IMPRIMERIE DE DIDOT LE JEUNE.

L'AN IV. — 1796.

Jean-Joseph VADÉ, né en janvier 1720, à Ham en Picardie, fut amené à Paris à l'âge de cinq ans par son père qui vivoit d'un petit commerce. Il eut une jeunesse si fougueuse et si dissipée, qu'il ne fut jamais possible de lui faire faire ses études. Il ne sut jamais que très-peu de latin ; mais il corrigea le défaut d'éducation par la lecture de tous nos bons livres français. Vadé créa un nouveau genre de poésie qu'on nomme le *genre poissard*. Ce genre ne doit point être confondu avec le burlesque. Celui-ci ne peint rien ; le poissard au contraire peint la nature, base de la vérité, mais qui n'est pas sans agrémens. Un tableau qui représente avec vérité une guinguette, des gens du peuple dansant, des soldats buvant et fumant, n'est pas désagréable à voir. Vadé est le Téniers de la poésie ; et Téniers est compté parmi les plus grands artistes, quoiqu'il n'ait peint que des fêtes flamandes.

Vadé étoit doux, poli, plein d'honneur, de probité, généreux, sincère, peu prévenu en sa faveur, exempt de jalousie, incapable de nuire, bon parent, bon ami, bon citoyen. Il avoit cette gaieté

franche qui décèle la candeur de l'ame. Il étoit
desiré par-tout. Son caractère facile et son goût
particulier ne lui permettoient pas de refuser au-
cune des parties qu'on lui proposoit : il y portoit
la joie. Il amusoit par ses propos, par ses chansons,
et surtout par le ton *poissard* qu'il avoit étudié et
qu'il possédoit très-bien. Ce n'étoit point une imi-
tation, c'étoit la nature. Jamais on n'a joué ses
pièces aussi bien qu'il les récitoit, et l'on perdoit
beaucoup à ne pas l'entendre lui-même. Mais sa
complaisance excessive, ses veilles, ses travaux,
et les plaisirs de toute espèce auxquels il s'aban-
donnoit sans retenue, prenoient sur sa santé. Il
aimoit les femmes; le jeu et la table ne lui étoient
pas indifférens, et il abusoit de son tempérament
qui étoit robuste. Il commença à connoître, lorsqu'il n'en fut plus temps, les égaremens et les
dangers de sa conduite, et il mourut le 4 juillet
1757, âgé de 37 ans.

# LA

# PIPE CASSÉE,

## POEME

### ÉPI-TRAGI-POISSARDI-HÉROI-COMIQUE

### EN QUATRE CHANTS.

# AVERTISSEMENT.

JE me suis beaucoup amusé en composant ce petit ouvrage, puisé dans la nature ; mes amis l'ont plusieurs fois entendu avec plaisir. Nombre de gens de distinction, de goût et de lettres s'en sont extrêmement divertis ; et sur les assurances qu'ils m'ont données que le public s'en amuserait aussi, je me hasarde de le lui présenter.

Il faut, pour l'agrément du débit, avoir l'attention de parler d'un ton enroué, lorsque l'on contrefait la voix des acteurs ; celle des actrices doit être imitée par une inflexion poissarde et traînante à la fin de chaque phrase. L'un et l'autre sont marqués, en caractère italique pour les femmes, et en guillemets pour les hommes.

# LA

# PIPE CASSÉE,

## POÈME.

## CHANT I.

Je chante sans crier bien haut,
Ni plus doucement qu'il ne faut,
La destruction de la Pipe
De l'infortuné la Tulipe.

On sait que sur le Port-aux-blés
Maints Forts-à-bras sont assemblés;
L'un, pour sur ses épaules larges
Porter ballots, fardeaux ou charges;
Celui-ci, pour les débarquer;
Et l'autre enfin, pour les marquer.
On sait, ou peut-être on ignore,
Que tous les jours avant l'aurore
Ces beaux muguets à bran-de-vin

Vont chez la veuve Rabavin
Tremper leur cœur dans l'eau-de-vie,
Et fumer, s'ils en ont envie.

   Un jour que se trouvant bien là,
Et que sur l'air du beau lan la
Ils chantaient, à tour de mâchoire,
Maints et maints cantiques à boire;
Que, gueule fraîche et les pieds chauds,
Ils se fichaient de leurs bachots,
Sans réfléchir qu'un jour ouvrable
N'était point fait pour tenir table;
Hélas! la femme de l'un d'eux,
Trouble-plaisirs et boute-feux,
Arrive, et retrousse ses manches.
Déja ses poings sont sur ses hanches,
Déja tout tremble : on ne dit mot;
Plus de chansons; chacun est sot.

   Jean-Louis, que ceci regarde,
Veut appaiser sa femme hagarde;
Mais en vain est-on complaisant
Avec un esprit mal-faisant.
« Tiens, lui dit-il, bois une goutte. —
*Va-t'en, chien, que l'aze te* RIME,

Lui dit-elle en levant un bras :
*Sarqueurgué tu me le paieras ;*
Et bravement vous lui détache
Un coup de poing sur la moustache.
Jérôme lui saisit les mains
Dont les jeux étaient inhumains.
« La paix, dit-il, morgué ! comère ;
« Vous avez tort. » — *Allez, copère,*
*Vous ne valez pas mieux que lui.*
*Vrament, ce n'est pas d'aujourd'hui*
*Qu'on vous connaît, gueux que vous êtes.*
*A votre avis, les jours de fêtes*
*N'arrivont-ils pas assez tôt ?*
*Jarni ! si je prends mon sabot,*
*Je vous en torcherai la gueule.*
*Puis-je gagner assez moi seule*
*Pour nourrir quatre chiens d'enfants*
*Qui mangeont comme des satans ?*
*Et ma fille qu'est à nourrice !*
*La pauvre enfant, Dieu la bénisse !*
*Un jour elle aura ben du mal.*
*Tu nous réduis à l'hôpital.*
*Jarôme, lâche-moi ; j'enrage.*

*Ah ! tu vas voir un beau ménage !*
*Vas, sac à vin ; crève, maudit !*
     A peine eut-elle ceci dit,
Qu'on vit renforcer l'ambassade
D'un duo femelle et maussade.
Jérôme, voyant sa moitié,
Rit à l'envers, frappe du pié ;
La Tulipe, avisant la sienne
Montée en belle et bonne chienne,
Eût mieux aimé voir un serpent,
Ou le beau-fils¹ qui rompt et pend
Ceux qui point dans leur lit ne meurent.
Enfin tous, interdits, demeurent
Dans un silence furieux.
L'une écrase l'autre des yeux ;
Mais la grosse et rouge Nicole,
Recouvrant enfin la parole
Ainsi que les gestes mignards,
Dit ces mots en termes poissards :
     *Vous v'là donc, tableau de la Grève !*
*Dieu me pardonne et qu'il vous crève !*
*Saint Cartouche est votre patron.*

Le Bourreau.

*Françoise, tiens ben mon chaudron.*
*Allons, vilain coulis d'emplâtre !*
*Un diable et pis vous trois font quatre,*
*Marionnettes du pilori !*
*Reste de farcin mal guéri !*
*Enfants trouvés dans de la paille !*
*Sans nous vous faites donc ripaille,*
*Visages à faire des culs !*
*Et trop heureux d'être cocus.—*
*Cocus !* interrompit Françoise :
*Nicole, ne cherchons pas noise ;*
*Si ton chien d'homme est dans le cas,*
*Tant pis ! mais le mien ne l'est pas.—*
*Il l'est.—T'as menti.—Qui ? moi ! Paffe.*
Un soufflet. Même pataraphe
Est ripostée. Autres soufflets,
Autres rendus. Adieu bonnets ;
Fichus de suivre la coîffure ;
Tetons bleus, rousse chevelure
De se montrer aux spectateurs.
Le feu, la rage, au lieu de pleurs,
Sortent des yeux de chaque actrice ;
Et dans ce galant exercice

Elles allaient enfin périr ,
Si , forcé de les secourir ,
On ne l'eût fait. Jean se dépêche
De puiser un beau seau d'eau fraîche ,
Et de nos braves s'approchant
Les tranquillise , en leur lâchant
Le tout à travers les oreilles.
Ce remède fit des merveilles :
On but beaucoup par là-dessus ,
Et bientôt il n'y parut plus.
Les voilà d'accord. La paix faite ,
Jean-Louis chante , et l'on répète.
Or voici donc ce qu'on chanta ,
Et ce que chacun répéta.

# C H A N S O N

*En l'honneur de Mademoiselle* M A N O N *la*
*Couturière.*

Qui veut savoir l'histoire entière
De Man'zelle Manon la couturière ,
Et de monsieux son cher Amant ,
Qui l'aimait zamicalement ?

Ce jeune homm'-ci, t'un beau Dimanche
Qu'il buvait son d'mistier zà la Croix blanche,
Fut zaccueilli par des Fareaux
Qui racoll' z'en magnière de Crocs.

L'un d'eux li dit: Voulez-vous boire
Ya la santé du Roi couvert de gloire?
Zà sa santé, dit-il? oui-dà;
Il mérite bien c' t' honneur-là.

Il n'eut pas pûtôt dit la chose,
Qu'un Racolleur dix écus li propose,
En li disant z'en abreugé,
Qu'avec eux il est zengagé.

Oh! c' n'est pas comm'ça qu'on s'engage,
Répond le jeun'-garçon faisant tapage.
Zau Guet! zau Guet! zau Guet! zau Guet!
Le Guet vient pour savoir le fait.

Pour afin d'éclaircir l'affaire,
L'Guet les mène tretous cheux l'Commissaire,
Qui condamne l'jeune garçon
D'aller faire un tour t'en prison.

Ah ! voyez t'un peu l'injustice
De ces Messieux les gens d'Justice !

Il vous jugeont sans jugement,
Sans savoir l'queul qu'est l'innocent.

Sachant cela, Manon s'habille,
S'en va droit d'cheux monsieux d'Marville,
Pour li raconter zen pleurant
Le malheur de son accident.

Monsieux l'Lieutenant de Police,
Par raison d'Etat, zou par malice,
Dit : Man'zelle, quoiqu'vous parliez bien,
Vot' sarviteur, vous n'aurez rien.

Là-d'ssus c'te pauvre chère Amante
Pleure un p'tit brin pour qu'ça vous l'tente;
Mais, voyant qu'ça n'opéroit pas,
Pour la Cour zall' part de ce pas.

Yà Fontainebleau z'alle arrive,
Quasi presque aussi mort' que vive,
S'jette au cou de monsieux d'Villeroi
Qu'alle prit d'abord pour le Roi.

Monsieux, votre sarvante. J'suis l'vôtre;
C'n'est pas moi qu'est l'Roi, dit-y, c'est un autre :
Mon enfant, tenez l'v'là tout là bas. —
Ah ! Monsieux, je l'vois; n'bougez pas.

Sire, excusez si j'vous dérange,
Mais c'est qu'je n'dors, ni bois ni mange,
Du depuis que l'Amant que j'ai,
Sur vot' respect, z'est engagé.        .

On zy a forcé sa signature
De signer un papier plein d'écriture;
Il ne serait point zenrôlé,
Si zon ne l'avait pas violé.

Le Roi qu'est la justice même,
Dit : Vous méritez qu'votre Amant vous aime;
Puis lui fit donner mille zécus,
Et son congé par là-dessus.

Ah ! dit-elle, Roi trop propice !
Si gn'avait queuqu'chose pour vot'sarvice,
Je pourrions nous employer, dà !....
Le Roi dit qu'il n'voulait rien pour ça.

De Paris regagnant la ville,
Alle reva de chez monsieur d'Marville :
M'faut mon Amant, rendez-le moi ;
T'nez, lisez, v'là l'ordre du Roi.

Il est trop tard, Mademoiselle.
Quand y s'rait encor plus tard, dit-elle,

M'faut mon Amant; je l'veux t'avoir,
Non pas demain, mais drès ce soir.

L'Magistrat, voyant bien que s' t'ordre
Allait li donner du fil za retordre,
Fit venir le jeune garçon,
Et puis vous l'rendit zà Manon.

Vous jugez comme ils s'embrassirent,
Et.comme tout ensuite ils s'épousirent;
Et l'on entend dire en tout lieu,
Qu' c'est un p'tit ménage de Dieu.

Filles qui faites les fringantes,
Parmi vous trouve-t-on de tell-zamantes?
Profitez de cette leçon,
Vous aurez le sort de Manon.

Alle est drôle, dit la Tulipe,
En bourrant de tabac sa pipe;
« Mais buvons t'un coup. — *C'est ben dit,*
*Si gn'en avait.* — J'avons crédit.
« C'est, dit Jérôme, pas la peine.
« Allons achever la semaine :
« C'est demain dimanche; j'irons
« Entendre vêpre aux Porcherons.

FIN DU PREMIER CHANT.

# CHANT II.

VOIR Paris sans voir la Courtille
Où le peuple joyeux fourmille;
Sans fréquenter les Porcherons,
Le rendez-vous des bons lurons;
C'est voir Rome sans voir le pape.
Aussi, ceux à qui rien n'échappe
Quittent souvent le Luxembourg,
Pour jouir dans quelque faubourg
Du spectacle de la Guinguette.

 Courtille, Porcherons, Villette,
C'est chez vous que puisant ces vers,
Je trouve des tableaux divers;
Tableaux vivants, où la nature
Peint le grossier en mignature.
C'est là que plus d'un Apollon,
Martyrisant le violon,
Jure tout haut sur une corde,
Et, d'accord avec la Discorde,
Seconde les rauques gosiers
Des Faraux de tous les quartiers.

 C'est aussi là qu'un beau dimanche,

La Tulipe en chemise blanche,
Jean-Louis en chapeau bordé,
Et Jérôme en toupet cardé,
Chacun d'eux suivi de sa femme,
A l'image de Notre-Dame
Firent un ample gueuleton.
Sur table un dur dodu dindon,
Vieux comme trois, cuit comme quatre,
Sur qui l'appétit doit s'ébattre,
Est servi, coupé, dépiécé,
Taillé, rogné, cassé, saucé.
Alors toute la troupe mange
Comme un diable, et boit comme un ange.
« A ta santé, toi ! — Grand marci ;
« J'allons boire à la tienne aussi. »
*Hé ! Françoise, hé ! tien si tu l'aime,*
*Prends ce pilon. — Prends-le toi-même,*
*Chacun peut ben prendre à son goût ;*
*En v'là très-ben, et si v'là tout.*
*Avons-je pas une salade ? —*
*Non, non, ça te rendrait malade. —*
*Ce n'est qu' quinz' sous. — Ç'en est ben vingt,*
*Et ça nous vaudra deux pots de vin.*

*Pour six une grosse volaille*

*Est autant qu'il faut de mangeaille;*

*Pas vrai, Jean-Louis?....Réponds-donc;*

*Pas vrai qu'au lieur....—«Oui, t'as raison;*

« Mais varse-nous toujours t'a boire,

« Hé ! vrament ma commere voire,

« Hé ! vrament ma.... Varse tout plein;

« Il semble que tu nous le plein.—

*Moi ! mon guieu non, ben du contraire;*

*C'est que tu zhausse en haut ton verre.—*

« J'ai tort. Avons-je du vin?—*Non.*—

« Parlez-donc, monsieux le garçon?

« Apportez du pivois, hé vîte ! »

Aussitôt la parole dite,

On renouvelle l'abreuvoir.

C'est alors qu'il faisait beau voir

Cette troupe heureuse et rustique

S'égayer dans un choc bacchique.

Vous, courtisans; vous, grands seigneurs,

Avec tous vos biens, vos honneurs,

Dans vos fêtes je vous défie

De mener plus joyeuse vie.

Vos plaisirs vains et préparés

Peuvent-ils être comparés
A ceux dont mes héros s'enivrent?
Sans soins, sans remords ils s'y livrent;
Mais vous, prétendus délicats,
Dans vos magnifiques repas,
Esclaves de la complaisance,
Et gênés au sein de l'aisance,
Prétendez-vous savoir jouir?
Non; vous ne savez qu'éblouir.
Avec vos rangs, vos noms, vos titres,
Vous croyez être nos arbitres.
Pauvres gens! Vos fausses lueurs
N'en imposent qu'à vos flatteurs;
Votre orgueil nourrit leur bassesse;
Toujours une vapeur épaisse
Sort de leur encens empesté,
Et vous masque la vérité.
Il est un prince qu'on révère,
Pour qui l'univers est sincère,
Qu'on aime sans espérer rien.—
Qui?—C'est votre maître et le mien;
Demandez son nom à la gloire.
C'est assez dit : parlons de boire.

Cependant, las de godailler,
Nos riboteurs veulent payer;
Pour payer demandent la carte,
Et par-dessus un jeu de carte.
Si-tôt parlé, si-tôt servis.
*Mais, dit Nicole, à votre avis,*
*Comben avons-je de dépense?*
*Monsieux, lisez-nous ste sentence.—*
Le total?—*Oui.*—Cinquante sous.—
*Cinquante sous! Je vous en sous.*
*C'est trop cher.*—C'est trop cher, madame?
Je veux que le diable ait mon ame
Si je ne vous fais bon marché.—
*Allez, monsieux le déhanché,*
*Vous serez content de la bande.*
*Adieu, morceau de contrebande.*
La même table qui servit
D'autel à leur rude appétit,
Sans choix, fut à l'instant choisie
Pour leur servir de tabagie.
C'est là que le trio d'époux,
Du hasard éprouvant les coups,
Gobait goujon, couleuvre, anguille,

En jouant à la bruscambille,
Un contre un, écot contre écot;
Tandis que Nicole et Margot
Faisaient compliment à Françoise
Sur son casaquin de siamoise,
Afin que Françoise à son tour
Civilisât leur propre-amour.
Propre amour ! Le terme est impropre :
Pour bien dire, on dit amour-propre.
Soit, je ne veux pas disputer ;
Mon but n'est que de raconter.
Mais revenons à notre histoire.
J'en suis, si j'ai bonne mémoire,
A la réponse que faisait
Françoise à ce qu'on lui disait.
*Mon casaquin !* leur répond-elle,
*Vaut ben ce chiffon de dentelle*
*Qui vous entoure le cerviau :*
*C'est comme une fraise de viau*
*Tous ces plis qui sont sur ta tête.* —
*Tu raisonnes comme une bête,*
Lui dit Nicole, *et pour un peu,*
*Françoise, tu varrais beau jeu.*

*Je te louons sur ta parure,*
*Et tu prends ça pour une injure!*
*Tas tort. — Moi tort? — Vante-t'en z'en.*
*Garde ton casaquin de bran,*
*Ou mange-le, que nous importe?*
*Il est à toi, car tu le porte;*
*Et not' garniture est à nous. —*
*Quoi,* dit Margot, *vous fâchez-vous?*
*Queu chien de train! Tien, toi, Françoise,*
*T'as toujours eu l'ame sournoise;*
*Ton esprit surpasse en noirceur*
*L'trésorier¹ de note Seigneur:*
*Tais-toi; n'échauffe pas Nicole,*
*Autrement, tiens, moi, je t'acole. —*
*Toi m'accoler! ah! je te crains!*
*Milgueux! si je te prends aux crins!*
*Tiens, veux-tu voir? — Oui, voyons, touche;*
*Mais touche donc. Tu t'effarouche,*
*Gueuse à crapauds, coffre à graillon?*
*Tu te pâme? hé! vite un bouillon.*
*La v'la couleur de sucre d'orge!*
*L'onguent gris li monte à la gorge!*

¹Judas.

*Ses beaux yeux bleus devenont blancs !*
*V'là comme tu fais des semblans*
*Quand ton croc veut que tu partage*
*Avec li ton vilain gagnage !*

 A ces mots, Françoise pâlit ;
L'ardeur de vaincre la saisit ;
Et d'un effort épouvantable
Elle arrache un pied de la table,
Qui d'un bout tombant en sursaut,
Va chercher à terre un tréteau.
De ce coup les cartes sautèrent :
Nos joueurs transis se levèrent,
Mais se levèrent assez tôt
Pour sauver la pauvre Margot
Du coup qui menaçait sa vie.
Françoise la suit en furie.
*Je veux,* dit-elle, *me venger,*
*A votre barbe la manger.*
*Comment ! qui ? moi ! j'aurai la honte*
*De voir qu'à mon nez on m'affronte !*
*Ah ! j'y perdrais pûtôt mon cœur,*
*Mon cul, ma gorge, mon honneur.*
*Te v'là donc, chienne ! ôtez-vous, gare !...*

Elle frappe : Jean-Louis pare
D'une main, de l'autre il surprend
Le bâton, et Jérôme prend
A brasse-corps notre Harpie.
« Françoise, dit-il, je t'en prie,
« Laisse-ça là. Venons-je ici
« Pour nous battre ? Queu diable aussi !
« Tu veux toujours gouayer les autres,
« Et puis ils t'envoyont aux piautres ;
« Chacun son tour. Çà, finissons :
« Je te prends pour danser ; dansons.
« Prends Nicole, toi, la Tulipe ;
« Quitte pour un moment ta pipe ;
« Morgué tu fumeras tantôt :
« Et toi, Jérôme, prends Margot.
« Çtella des trois qui la première
« Aura de la mauvaise magnière,
« Je l'écrasons, alle verra,
« Ou le diable m'écrasera.
« Monsieux le marchand de cadence,
« Vendez-nous une contredanse
« Sur l'air d'un nouveau cotillon. »
    Soudain il sort du violon,

Qui par sa forme singulière
Avait l'air d'une souricière,
Des sons que les plus fermes rats
Auraient pris pour des cris de chats.
　Après la belle révérence,
On part en rond ; chacun s'élance,
Saute et retombe avec grand bruit.
Sous leurs pieds la terre gémit.
La haine de Margot la fière
S'envole parmi la poussière.
Françoise n'est plus en courroux,
Ses yeux ont un éclat plus doux.
Nicole n'a plus de rancune :
La paix entr'eux devient commune ;
Même on les vit s'entre-baiser,
Quand ils furent souls de danser.
　L'heure de retourner au gîte
Venant pour eux un peu trop vîte,
Il fallut payer sur le champ,
Et, comme on dit, ficher le camp :
C'est sans dire adieu ; ce qu'ils firent,
Et de très-bonne humeur sortirent.
Tous six, se tenant sous le bras,

Allaient plus vîte que le pas.

   Pour moi, je pris une autre route,
Et, m'acheminant sans voir goûte,
J'arrivai chez moi plus tôt qu'eux,
Tête pleine et le ventre creux.

**FIN DU SECOND CHANT.**

# CHANT III.

Le travail, les soins et la peine
Furent faits pour la ·gent humaine :
Il est des travaux différens ,
Selon les états et les rangs.
Tout le monde ne peut pas naître
Prince , marquis , richard ou maître ;
Mais chacun vit de son métier.
Vive celui de maltotier !
C'est où la bizarre fortune ,
En suant , roule la pécune
A la barbe des pauvres gens.
Serons-nous toujours indigens ,
Nous dont les labeurs d'une année
N'acquitteraient point la journée
Qu'un sous-traitant passe à dormir ?
Espérons tout de l'avenir.
Mais , en attendant qu'il nous vienne
Un sort heureux qui nous maintienne
Dans un état toujours oisif ,
Il faut , moi , que d'un air pensif

Je cherche et trouve, par ma plume,
Le tabac que par jour je fume;
Car, non content d'être rimeur,
J'ai le talent d'être fumeur.
Il faut, pour la paix du ménage,
Que Jean-Louis se mette en nage
En travaillant au bois flotté;
Que Jérôme de son côté,
Comme la Tulipe d'un autre,
Suivant les lois du saint apôtre,
Aillent chrétiennement chercher
De quoi dîner, souper, coucher;
Que leurs femmes laborieuses,
De vieux chapeaux fières crieuses,
En gueulant arpentent Paris,
Pour aider leurs pauvres maris.
  Lorsque leur ange tutélaire
Les conduit vers un inventaire,
Pour elles c'est un coup du ciel.
Un jour sur le Pont Saint-Michel
Il s'en fit un; elles s'y rendent.
En arrivant, elles entendent :
A vingt sous la table de bois!

Une fois, deux fois, et trois fois;
Adjugez. *Quoi donc qu'on adjuge?*
*Tout doucement, monsieux le juge,*
Dit Nicole; *je mets deux sous.—*
Par dessus? — *Où donc? par dessous?*
*Tiens! veut-il pas gouayer le monde?*
*C'est dommage qu'on ne le tonde,*
*Car ses cheveux sont d'un beau blond.—*
La mère, vous en savez long,
Dit l'huissier; emportez la table.
*Eh! mais vrament, monsieux capable!*
Reprend Margot, *chacun pour soi.—*
*Eh! par la saquergué, tais-toi,*
Dit Françoise en haussant l'épaule,
*Laisse monsieux jouer son rôle;*
*Vas-tu gueuler jusqu'à demain?*
*Note maître, allez vote train.*

 Soudain meubles de toute espèce
Furent vendus pièce par pièce;
Mais notez que chaque achetant
Recevait son paquet comptant
De la part de nos trois commères :
Quiconque poussait les enchères

Un peu haut était empoigné,
Et s'en allait le nez coigné ;
Témoin une jeune fringante
En mantelet, robe volante,
En bonnet à grand papillon,
Qui la dansa, mais tout du long.
Ce fait vaut bien qu'on le distingue :
C'est à propos d'une seringue
Qui, par elle mise hors de prix,
De Françoise excita les cris.
*C'est pour vous ! Gardez-la*, dit-elle.
*Eh ! Margot ? vois donc ç'te d'moiselle !*
*Sa figure a ma foi bon air !*
*C'est un p'tit chef-d'œuvre de chair !*
*Parlez donc, la belle marchande,*
*C'est-y pour laver vote viande*
*Que vous emportez ce bijou ?*
*Vous vous recurez plus d'un trou !* —
Vous êtes une impertinente,
Dit la demoiselle tremblante ;
Cessez un propos clandestin. —
*Allez ! j'n'entendons pas l'latin ;*
*La belle, crandestin vous-même.*

*Avec son visage à la crême!*

*Et puis ses deux yeux mitonnés!*

*Quoi donc qu'alle a dessous le nez*

*Qu'est noir? Monguieu! c'est une mouche!*

*Allez! qu'un cent d'Suisses vous bouche!*

*Pour le coup, mon chien de poulet,*

*C'est ben la mouche dans du lait.*

*Quoi! vous vous en allez, ma reine?*

*Adieu, bel ange. Ah! la vilaine,*

*Qui donne à tetter à son cu!*

*Allez, seringue! — Y penses-tu,*

Dit Margot? *veux-tu ben te taire,*

*Gueule de chien? v'là l'commissaire.—*

*Çà! Tu gouayes; c'est un abbé.*

*Pargué, va, le v'là ben tumbé*

*S'il vient pour nous ficher la gance.*

Mesdames, un peu de silence,

Leur dit modestement l'huissier.

Ensuite il se met à crier

Un jupon d'étamine noire,

Qu'on prit d'abord pour de la moire,

Tant les taches l'avaient ondé.

Margot l'ayant bien regardé,

Passe d'un sou. On le lui laisse.
Soudain, l'abbé fendant la presse,
Suroffre de dix-huit deniers.....
*Bon ! les offrez-vous tout entiers ?*
Dit Margot, faisant la grimace :
*Par ma foi, monsieux Boniface,*
*Quand vous auriez quatre rabats,*
*V'là l'jupon, mais vous n'l'aurez pas.*
*Vot mantiau tumbe par filandre !*
*Au lieu d'acheter, faut vous vendre.*
*Tenez, rapportez-vous à nous.*
*A six blancs l'abbé de deux sous !*
*Le veux-tu prendre, toi, Nicole ? —*
*Qui, moi ? Tiens, je serais donc fole ;*
*Je perdrions moitié dessus.*
*Françoise, et toi ? — Ni moi non plus ;*
*Tu le gard'ras, toi, je parie ? —*
*Moi ? j'n'avons pas d'ménagerie. —*
*Qu'en ferons-je donc ? — Dame ! Voi. —*
*Voi toi-même ! allons, parle. — Moi ?*
*J'en fais un heurtoir* [1] *de grand'porte.*
*Et toi ? — Moi ! que l'diable l'emporte,*

---

Figure hideuse à laquelle on attache le marteau.

*Il en fera son aumônier.*

L'abbé, penaut comme un panier,
Dit : Vous êtes des harengères ;
Finissez, trio de mégères. —
*Ménagères ! Quand j'voulons,*
*Avec ses souliers sans talons !*
*Le v'là dans un bel équipage,*
*Pour parler de note ménage !*
*C'est vrai ! Quoi qu'il vient nous prêcher ?*
*Ne t'avise pas d'approcher,*
*Car le diable me caracole*
*Si je ne t'applique une gnole*
*Qui tiendrait chaud à ton grouin,*
*Diable de perroquet à foin !*
*Mousquetaire des Piquepuces,*
*Jardin à poux, grenier à puces.*

Elles l'auraient mangé, si on
N'eût remis la vacation
A deux heures de relevée.
Ce n'était là qu'une corvée
Pour nos trois femelles. Aussi
En revanche, l'après-midi,
Maints effets elles achetèrent,

Puis chez elles s'en retournèrent,
Où leurs trois maris cependant
Chopinaient en les attendant.

Les nippes sur table posées,
Et les commères reposées,
Il fallut vider ou lotir ;
Cela veut dire répartir
L'achat des meubles fait entr'elles :
Bon sujet à bonnes querelles.
Margot déja commence par
Sauter sur la meilleure part :
C'était un rideau de fenêtre.
*Tu laisseras çà là, peut-être,*
Dit Françoise, *ou ben j'allons voir.*
Nicole, qui le veut avoir
Aussi bien que ses deux compagnes,
Dit : *Tu le vois et tu le magnes ;*
*Mais v'là qu'est ben, restes-en là. —*
*Qui ? toi ! chaudière à cervela !*
*C'te vieille allumette sans soufre !*
*Mongieu ! voilà qu'alle ouvre son goufre !*
*Prenez garde, all'va m'avaler. —*
*Vas, tu fais ben de reculer,*

Dit Margot, *contre ton chien d'homme;*
*Car sans ça, tiens, tu verrais comme*
*J'équiperions ton cuir bouilli!*
*Cadavre à moitié démoli!*
*Vas, poivrière de Saint-Côme,*
*Je me fiche de ton Jérôme.*
Alors, sautant sur le rideau,
Elle en arrache un grand lambeau.
Françoise de son côté tire,
Et tire tant qu'elle déchire
Même portion que Margot.
Nicole eut le troisième lot,
Non sans vouloir faire le diable:
Mais Jean-Louis, d'un air affable,
Voulant appaiser le débat,
Leur dit: « Saquergué, queu sabbat!
« Tiens, femme, agonise ta goule!
« Crois-moi, mil'guieux, si t'étais soûle,
« J'dirais, Eh ben! c'est qu'alle a bu.
« Finis donc. Un chien qu'est mordu
« Mord l'autre itou, coûte qui coûte. »
A ce conseil Jérôme ajoute
Son avis, et dit: Ecoutez:

« Pour un rien vous vous argottez.

« Quoi qui vous met tant en colère ?

« Des g'nilles ! v'là ce qu'il faut faire.

« Faut les solir [1] cheux l'tapissier,

« Et puis partager le poussier [2].

   « Copère, interrompt la Tulipe,

« Je donnerais quasi ma pipe

« Pour être comme toi ch'nument

« Retors dans le capablement ;

« Tu dis ben, faut faire c'te vente,

« Et drès demain dà, je m'en vante ;

« Ou ben moi, je fiche à voyeau

« Les pots, les chenets, le rideau,

« Le lit, les femmes et la chambre. »

Lors, tremblantes en chaque membre,

Elles firent ce qu'on voulut ;

Et puis qui voulut boire but.

[1] Vendre.

[2] De l'argent.

FIN DU TROISIÈME CHANT.

# CHANT IV.

ROMAINS, qu'êtes-vous devenus,
Vous à qui les mœurs, les vertus
Servirent longtemps de parure?
Amis de la simple nature,
Le luxe, idole de Paris,
Était l'objet de vos mépris.
Votre sagesse sans limite
Ne mesurait point le mérite
Au vain éclat de l'ornement,
Et vous saviez également
Faire rougir ceux qui sans place,
Sans dignités, avaient l'audace
De ressembler par leur éclat
A ceux qui gouvernaient l'État.
Mais ici, quelle différence!
On n'estime que l'apparence;
Et c'est ce qui cause l'abus
Des états, des rangs confondus.
C'est ce qui cause que Françoise,
Pour avoir l'air d'une bourgeoise,
Vient de se donner un jupon

De satin rayé sur coton ;
Que Margot vient de faire emplette
D'une croix d'or, d'une grisette ;
Et que Nicole, en s'endettant,
Vient à peu près d'en faire autant.
Mais je les trouve pardonnables ;
Leurs dépenses sont convenables
Au motif de leur vanité ,
Qu'on doit prendre du bon côté.
La noce de Manon la Grippe,
Propre nièce de la Tulipe,
Cousine de Jérôme, et puis
Filleule enfin de Jean-Louis,
Mérite bien que la famille,
Pour lui faire honneur, fringue et brille.
Mais, avant les plaisirs fringants,
On introduit chez les parens
Le futur avec la future ,
Et l'on parle avant de conclure.
*Ma gnièce , dit Françoise, hé ben!*
*Et vous, mon n'veu (car vous s'rez l'mien),*
*Vous vous mariez , ça me semble,*
*Pour afin d'être joints ensemble ;*

Ça nous fera ben de l'honneur ;
Vous paraissez bon travayeur ;
Et ma gnièce est une vivante
Qui sait se magner.— « Ah ! ma tante !
« Vous avez ben de la bonté. »
Non, mon n'veu, foi d'femme, en vérité !
Va, j'te connais, t'as du ménage,
Et c'est c'qu'il faut pour l'mariage.
Dame ! quand t'auras des enfans,
Pour qu'ils soyont honnêtes gens,
Devant eux n'faudra pas se battre,
Jurer, ni boire comme quatre,
Ni riboter aveuq ç'tici
Pour faire enrager ton mari.
Tu m'entends ben, pas vrai ? — Sans doute,
Dit Manon, et si j'vous écoute,
Ma foi, c'est que je le veux ben,
Avec vos beaux sermons de chien :
Semble-t'y pas qu'on vous ressemble ?
Allez, quand on za peur, on tremble.—
Quoi ! dit la tante, cul crotté,
T'as ben d'la glorieuseté !
Tu n'es qu'une petite gueuse !

*Ta mère était une voleuse!*
*Et ton père un croc. — Parle donc,*
Dit Margot, *diable de guenon!*
*Défunts mon cousin, ma cousine,*
*Étiont près de toi d'la farine,*
*Creuset à malédiction!*
*T'as donc l'enfer en pension*
*Dans ta chienne d'ame pourrie?*
*Vieille anguille d'la voirie!*
*Guenipe. — Moi guenipe! Moi!*
*Margot! Mon p'tit cœur! Bon pour toi;*
*Guenipe est le nom qu'on te garde.*
*J'n'avons point de fille bâtarde;*
*Et flatte-toi qu'un souteneur*
*N'a pas trempé dans note honneur.*
*Mouche-toi, va, car t'es morveuse!*
A ces mots, Margot furieuse,
Grinçant les dents, roulant les yeux,
Lève un poing: mais entr'elles deux
Nicole adroitement se jette,
*Allez, que l'diable vous verjette!*
Leur dit-elle en les séparant.
Mais Margot, en se rapprochant,

Alonge et lève une main croche....
A mesure qu'elle s'approche,
Nicole, en riant, la retient :
*Margot, est-ce que ça convient*
*Un jour d'nôce? c'est enutile.*
*Allons, r'mets-toi dans ton tranquille.*
*T'es brave femme; on sait ben ça.*
Ce mot de brave l'appaisa;
Même elle promit à Nicole
D'oublier tout, et tint parole.
Sur le champ on vint avertir
Qu'il était heure de partir.
On partit, et la compagnie
A la belle cérémonie
Assista très-dévotement.
Le notaire et le sacrement
Ayant autorisé la fille
D'être femme et d'avoir famille,
Et Georges d'être son époux,
Toute la bande au Pont-aux-choux
S'en va sans prendre de carrosse.
C'est pourtant le beau d'une noce!
Mais quand le moyen est petit,

Et que l'on a grand appétit,
Il faut se passer d'équipage.
On arrive donc. Grand tapage,
Motivé par la bonne humeur,
Fait l'éloge de chaque acteur:
Sur la table une nappe grise
Est à l'instant proprement mise,
Et bientôt après le couvert.
*Monsieux, j'avons faim.* On les sert.
Les deux époux, selon l'usage,
Sont placés au plus haut étage.
*Allons, Margot, tien, passe, toi. —*
*Moi? Quand t'auras passé. — Pourquoi?—*
*Pourquoi? Parce que t'es la tante.*
Jérôme qui s'impatiente,
Pour les faire cesser, leur dit:
« Morgué, tout ça se rafroidit;
« Assisez-vous donc: queux magnières!
« Vous faut-il pas ben des prières
« Pour vous faire assir? »— *Monguieu non,*
*Nous y v'là-t'il pas?* — Ah! bon donc.
   On s'assied. Le vin, la bombance
Leur impose un joyeux silence.

Personne ne sert; chacun prend
Au plat, et chaque coup de dent
Est enfoncé jusqu'à la garde.
L'une se jette sur la barde,
L'autre sur le cochon de lait,
Tandis que d'un fort gras poulet
Margot ne fait que trois bouchées.
Ses manchettes toutes tachées
Par la graisse qu'on voit dessus,
Semblent des manchettes au jus.
Nicole, à qui le gosier bouffe,
Dit : *Varsez à boire, car j'étouffe.* —
*Eh!* pargué, dit Margot, *prends-en;*
*J'aim'rais autant être au carcan*
*Qu'auprès de toi, car tu me soûle.* —
*Eh! va-t'en aux chiens, vilain moule.*
*As-tu peur que pendant ç'temps-là*
*On n'mange ton manger que v'là?*
*Mais voyez ç'te diable de gueule!*
*T'es bonne; mais c'est pour toi seule:*
*Car tu sçais la civilité*
*Comme un rien. A vote santé,*
*Monsieux, madame la mariée? —*

« Ben obligé. » *Ben obligée.*
Les *derechef* de tous côtés
Sont à razades ripostés :
Chacun crie à fendre la tête.
Françoise, qui toujours est prête
A faire entendre son caquet,
Veut crier plus haut : un hoquet
Lui coupe soudain la parole.
Il redouble. *Oh!* lui dit Nicole,
*Ne nous dégueule pas au nez,*
*Toujours.* Jérôme lui dit : « T'nez,
« Pour qu'ça s'passe, buvez, commère,
« C'est le droit du jeu. » *Eh ben!* copère,
*A cause d'ça trinquons nous deux ;*
*Voulez-vous ?* « Pargué, si je l'veux !
« J'vous demande si ça s'demande ?
« Puisque je n'avons pus de viande,
« Buvons d'autant. Eh! Jean-Louis !
« A boire ? Buvons, mes amis. »
*Ah!* dit Nicole, ça *m'rappelle*
*Note noce ; alle était ben belle.*
*T'en souviens-tu, Jean-Louis ?* » Qu'trop. » —
*Qu'un diable t'emporte au galop ;*

*Que trop! Voyez ç'vieux crocodille!*
*Ah! l'beau meuble! Quand j'étais fille*
*Il v'nait cheux nous faire l'câlin.*
*T'es ben heureux, double vilain,*
*D'm'avoir; car sans ça la misère*
*Aurait été ta cuisinière.*

Au milieu du bruit qui se fait,
La Tulipe avint son briquet,
Le bat en alongeant la lipe,
Les écoute, et fume sa pipe.
Nicole poursuit son aigreur :
Son homme en rit de tout son cœur.
Ce rire insultant la désole.
*Ah! tu ris donc! Ris, belle idole!*
*T'as raison; ris; oui, ris! Va, chien;*
*Sur mon honneur, prends garde au tien.*
Françoise dit : *Quoi qu'tu t'tourmente?*
*Va, t'es ben impatientante*
*De v'nir comm'ça nous ahurir;*
*Finis. — Moi? Je n'veux pas finir.*
*Mais voyez un peu ç'te Simone!*
*L'ordre me plaît; mais quand je l'donne...*
« Oh! dit Jérôme, point d'chagrin,

« Aussi ben, v'là monsieur crin crin [1].

« D'la joie ! Allons, père la Fève,

« Raclez-nous ça. » Chacun se lève

Et veut danser. Le couple heureux,

D'un air tristement amoureux

Demande un menuet, et danse

Parfaitement hors de cadence.

Le marié, triplant les pas,

Ne sait que faire de ses bras ;

Gestes, maintien, tout l'embarrasse.

Son épouse avec même grâce,

D'un air légèrement balourd,

Traîne le pied et tourne court.

Soit qu'elle fût timide ou fière,

Elle n'osait pas la première

A son danseur donner la main ;

Et même jusqu'au lendemain

Elle eût occupé le spectacle,

Si sa tante, d'un ton d'oracle,

N'eût dit : *Ma gnièce l'aime long !*

*C'est-y pour vous seule l'violon ?*

*Dame ! c'est qu'vous n'avez qu'à dire :*

Le violon.

*Croyez-vous que j'ons des pieds d'cire?*
   A ces mots, le couple interdit
Finit pour faire place à huit.
Une joie épaisse et bruyante,
En les fatiguant les enchante :
Tout allait bien, quand des fareaux,
Sur l'oreille ayant leurs chapeaux,
Canne en main, cheveux en béquilles,
Entrent sans façon, et les drilles
Dansent sans en être priés.
D'abord l'oncle des mariés
S'oppose à leur effronterie.
« Vous n'êtes pas d'la copagnie,
« Dit-il; fichez l'camp sans fracas. —
« J'voulons danser. — Ça n'sera pas;
« Paix l'violon! — Moi j'veux qu'il joue. —
« Si c'est vrai, que l'diable me roue, »
Dit Jérôme, en gourmant l'un d'eux.
Celui-ci le prend aux cheveux.
Jean-Louis arrache la canne
Du second : « O gueux! j'te trépanne!
« Fli! flon! » La Tulipe à l'instant,
Sans se gêner, toujours fumant,

En saisit un à la cravate.
Le courroux des femmes éclate ;
Leurs ongles, leurs dents et leurs cris
Secondent leurs braves maris :
L'horreur s'empare de la sale ;
Et jamais à noce infernale
Il ne se fit un tel sabbat.
Enfin, dans le fort du combat,
Un coup lancé sur la Tulipe,
En cent morceaux brise sa pipe.
De douleur il s'évanouit.
Son vainqueur le croit mort ; il fuit,
Aussi bien que ses camarades.
Françoise, par ses embrassades,
Rappelle la Tulipe en vain ;
Il fallut dix verres de vin
Pour lui rendre la connaissance.
Il revient : Un morne silence,
De longs soupirs, des yeux distraits,
Avant-coureurs de ses regrets,
Expriment sa triste pensée.
« Ma pipe, dit-il, est cassée !
« Ma pipe est en bringue, mil'guieux !

« Je l'vois ben, oui, je l'vois d'mes yeux !
« Quand j'pense comme alle était noire !
« N'y pensons pus ; il faut mieux boire. »
Pour l'oublier, il se soûla,
Et la scène finit par-là.

F I N.

# LES

# BOUQUETS POISSARDS,

## Par VADÉ.

# AVERTISSEMENT.

Il est peu de gens qui n'aient entendu les femmes des Halles débiter ce qu'elles disent, avec ce ton original qui leur est propre ; ou tout au moins se sont-ils trouvés avec des personnes qui imitent ce langage : il est donc nécessaire, pour l'agrément de la lecture de ces Bouquets, de tâcher de prendre l'inflexion de voix poissarde aux endroits qui servent à indiquer le changement de ton.

# LES
# BOUQUETS POISSARDS.

## PREMIER BOUQUET.

J'AIME à payer ce que vaut une chose,
Mais je répugne à la payer deux fois.
Je suis piqué, je l'avoue, et je crois
    Devoir vous en dire la cause.
    Madame, à deux pas du logis,
    Rencontrant une bouquetière,
    Je l'aborde, et lui dis : La mère,
Faites vîte un bouquet. Nous convenons de prix :
Pour qu'il soit plus tôt fait, je la paye d'avance.
Elle aussitôt détache une botte de fleurs ;
    Dieu sait avec quelle élégance
    Elle assortit leurs diverses couleurs !
De feuilles d'orangers galamment décorées.

Pour en faire un bouquet, il lui manque un lien ;
Comme elle l'achevait, ne s'attendant à rien,
  Ne voilà-t-il pas les dames jurées
Qui viennent tout-à-coup saisir son pauvre bien ?
  Elles sautent sur l'inventaire,
S'emparent des bouquets, sans oublier le mien.
   Ma marchande se désespère ;
   Et, ne voyant aucun moyen
   Pour accommoder cette affaire,
  D'un coup de pied en jette une par terre,
   Bat les deux autres comme un chien ;
   Puis s'enfuit, ne pouvant mieux faire.
Quel scandale ! Pour moi je crois que la colère
   Fait oublier qu'on est chrétien.
  De leur frayeur ces trois dames remises,
  S'en vont pestant d'avoir reçu des coups.
  Je les arrête, et leur dis : Ah ! tout doux !
   Dans les fleurs que vous avez prises,
Je réclame un bouquet ; je l'ai payé. — *Qui, vous ?—*
   Oui, moi ; tâchez de me le rendre.
   *Monsieur l'a dit, on l'y rendra :*
  *Qu'il est gentil ! y se fâche ! y rira :*
   *Sa bouche commence à se fendre.*
   *Ce s'rait ben dommage de l'pendre ;*

Car il promet qu'il grandira.

Vous m'insultez, leur dis-je, et je vais vous apprendre
Qui je suis. — *Ah! comme il nous l'apprendra!*
*Mon double cœur! quand tu serais le gendre*
*Du diable qui t'emportera,*
*Pince donc c'bouquet-ci? Tu n'ose?*
*Donnez-ly du vinaigre, y n'aime pas l'eau rose.*
*Qui j'sis! Eh! qu'es-tu donc avec ton grand chapiau,*
*Ton habit qui se meurt, et ta fameuse épée? —*
*C'est*, dit l'autre, *un seigneur, un cadet de c'châtiau*
*Qu'est tout vis-à-vis la Rapée.*
*Il grince des dents! Ah! j'ai peur!*
*Parlez donc, monsieu la Terreur,*
*Faites donc pas comm'ça, ça gâte le visage.*
*Jérusalem! saint Jean! mon doux Sauveur!*
*Qu'il est dégourdi pour son âge!*
*Tras poulets d'Inde et pis monsieu*
*Ferions un fringant atelage.*
Elles en auraient dit encore davantage;
Mais la troisième par bonheur
Lui dit : *Finis, tu fais trop de tapage;*
*Quand on ne te dit rien, t'es bien fier t'en caquet!*
*Qu'est-ce quy t'a fait ce jeune homme?*
*Et pis qu'il l'a payé, donne-ly son bouquet. —*

*Son bouquet! Crac ; il l'aura comme.....*
*Tu m'entends ben ? Qu'il nous baille dix sous.*
Ah ! dis-je, les voilà ; que ne me disiez-vous ?
Lors, de ma bonne foi ces dames interdites,
Me donnent quelque œillet par-dessus le marché.
*Parlez donc, mon poulet ? vous n'êtes pas fâché*
*Contre nous autres ? pas vrai ?... Dites ?—*
Moi ? point du tout. — *Adieu, note bourgeois.*
*J'l'avons trop ahuri, ça me fait de la peine ;*
*Je devrions toutes trois*
*Ly faire dire un' neuvaine.—*
*Tu gouayes, toi : mais moi, si j'étais reine,*
*Il serait godard dans neuf mois.*
Madame, telle est l'aventure
De ce bouquet si long-temps contesté.
Si de vous il est accepté,
Malgré l'argent, le courroux et l'injure,
Il ne sera pas trop cher acheté.


FIN DU PREMIER BOUQUET.

# DEUXIÈME BOUQUET.

Toujours l'événement nous prouve
Que pour trouver il faut chercher,
Et que même souvent on trouve
Ce qu'on ne cherche pas. Tel, croyant dénicher
Des rossignols, déniche des linottes.
Mais, direz-vous, où tend cette comparaison ?
C'est nous dire à propos de bottes
Que le printemps est la belle saison.
Madame, point d'aigreur : ce petit préambule
Vous paroîtra moins ridicule
Quand vous saurez que j'ai cherché
Dans plus d'une boutique et dans plus d'un marché,
Sans trouver un bouquet digne de votre fête.
Même en chemin, s'il vous plaît, je m'arrête
Chaque fois que j'entends crier :
*Des bouquets pour Nanon, Nanette.*
Chacun en marchande, en achète.
J'en choisis quatre ou cinq ; je reviens au premier.
Le premier me déplaît ainsi que les quatre autres :
Je les replante tous sur le bord du panier. —

*Parlez donc*, me dit-on, *faut pas tant les magnier;*
*Vous avez vos dégoûts, j'avons y tout les nôtres.*
*Avec son habit rouge! Eh! monsieur tout en feu!*
*V'nez, vous l'aurez pour rien. Cet échappé d'andouille!*
    *Mais c'est vrai, tiens; ça vous patrouille*
*C'te marchandise, et puis ça part. Adieu!...*
Dans d'autres temps j'aurais pu me défendre;
    Mais, sans m'amuser à l'entendre,
    Je cours; une autre vient à moi.
    *Vlà*, dit-elle, *du beau, mon roi;*
*T'nez, voyez-moi tout ça. V'là t'y d'la fine orange?*
*Et des œillets? ça parle; on vous voit ça de loin.*
*Tenez, fleurez-moi ça? ça f'rait revenir un ange*
    *S'il était mort....* Pendant ce baragouin
        Elle ajuste un bouquet énorme,
        Mais presque aussi gros qu'un balai.
*Comment le trouvez-vous?* Moi, lui dis-je, fort laid.
*Allez, monsieu le beau, que Charlot vous endorme!*
    *Tirez d'ici, meuble du Châtelet!*
Un pareil propos n'était point agréable.
        Je me suis vu donner au diable
        Par cent vendeuses de bouquets.
    Ces dames souvent s'abandonnent :
Si Lucifer prenait les gens qu'elles lui donnent,

Vous ne me reverriez jamais.

Pourtant, sans le secours de Flore,

Je prétends vous offrir mon hommage à mon tour.

Votre éclat seul vous pare et vous décore :

Les lys de la candeur, les roses de l'Amour

Forment votre ornement, et brillent plus encore

Que les fleurs que chacun vous présente en ce jour.

Ah ! direz-vous, la ruse est bonne !

Ne voulant rien donner, il fait un compliment !

Point du tout, madame, un moment ;

Sans eau ne baptisons personne.

Si Flore m'a traité rudement,

Je me suis pourvu chez Pomone,

Et pour bouquet recevez ce melon.

Un melon ! Ah ! monsieur badine ;

Est-ce pour faire allusion

A notre sexe ? Non, madame, parbleu non :

C'est pour manger, du moins je l'imagine ;

Je serai content s'il est bon.


FIN DU DEUXIÈME BOUQUET.

# TROISIÈME BOUQUET.

Qui mal veut, mal lui tourne; on l'a dit avant moi :
D'autres viendront après qui le diront encore.
      Pourquoi ce proverbe? Pourquoi?
Vous allez le savoir.... Aujourd'hui dès l'aurore
Je pars de mon logis, ou peut-être d'ailleurs;
      J'arrive dans l'endroit où Flore
    Voit à regret débiter ses faveurs;
    Où chaque nymphe avec adresse étale
      L'une des fruits, l'autre des fleurs.
      Cet endroit, madame, est la Halle.
      Vous devinez pour quel sujet
      J'ai si matin visité cette place :
C'était pour vous choisir un passable bouquet.
L'heure, le bruit, le temps, les cris, rien n'embarrasse.
      J'en achète un : mon achat fait,
    Je veux passer. Vous croyez que l'on passe
    Dans ces lieux-là comme on veut? Point du tout.
      Deux commères étaient aux prises,
      Et disputaient un panier de cerises.
Enchanté, je veux voir la scène jusqu'au bout.

On s'échauffe ; mille sottises
De s'empoigner leur donnent l'avant-goût.
*Ah !* disait l'une, *on te les garde !*
*Chatouille-ly les p'tits boyaux.*
*Tu les auras, vierge de corps-de-garde,*
*Quand j'aurai rendu les noyaux.*
Maints gros jurons couraient la poste ;
C'était à qui donnerait le dernier.
Après riposte sur riposte,
On a partagé le panier.
Moi, riant des bons mots qu'elles venaient de dire,
Pour en entendre encor je reste entre elles deux.
*Mais,* dit l'une, *vois donc, que souhaite monsieux ?*
*Comme il est là ! Quoi donc qui le fait rire ?*
*Parlez donc, p'tit Jesus de cire,*
*Vous êtes comme un amoureux ?*
*Comme le v'là fleuri ! v'nez çà qu'on vous admire.*
*Ah ! Javotte, les beaux petits yeux !*
*Qu'ils sont brillans ! Viens donc voir ; on s'y mire !*
Soudain je me vois entouré
De six à sept, et par degré
On s'apprivoise, on rit : l'une m'arrache
Deux grenades et du jasmin,
Puis à son côté les attache ;

Et l'autre, me lâchant un grand coup sur la main,
Me fait sauter le reste. — Allez-vous-en au diable,
　　Mesdames, avec vos façons:
　　Est-ce que nous nous connoissons
Pour badiner ainsi? — *Chien, qu'il est raisonnable!*
　　*On ne le connaît pas? Eh! non!*
　　*Vous verrez ça! Te souviens-tu, Manon,*
　　*D'avoir vu danser dans c'te place*
*C'te gueuse à qui Charlot avait mis sous l'menton*
　　*Un grand désespoir de filasse?*
　　*C'était sa mère, en verté d'Dieu? —*
　　*Dis donc pas ça, toi, ça le fâche:*
　　*C'est le bâtard de mons Mathieu,*
　　*Donneux d'eau-b'nite à saint Eustache.*
　　*Ah! la belle veste à fond bleu!*
　　*Vois-tu la frange au bas? Madame!*
*C'est tout comme un r'posoir, et saint Gille au milieu.*
*Quoi donc! l'épée au vent? Ah! voyons donc la lame!—*
　　C'en est trop: laissez-moi, morbleu!
Je ne puis soutenir des injures pareilles.
　　Si vous ne cessez votre jeu,
　　Je vais vous couper les oreilles. —
　　*Les oreilles, mon cher enfant!*
　　*Queu possédé! garre! il est en colère.*

*Il est quatre fois plus méchant*
*D'pis qu'il est r'venu de galère. —*
*Ly méchant! Non, y fait semblant.*
*Mais il a l'air tout défait! c'est toi qu'en est la cause.*
*Ne l'agonisons plus, mais tiens,*
*Faisons l'y payer queuque chose;*
*Va, va t'y? —* Va, je le veux bien. —
Au même instant les coquines m'entraînent
Chez un marchand de brandevin.
*Sans vous commander, not'voisin,*
*Lâchez-nous, s'il vous plaît, chopine*
*De paf, en magnièr' d'eau divine;*
*V'là monsieu, qui n'est pas vilain,*
*Qui nous régale; aussi j'l'aimons pù que la vie.*
*Allons, bijou, mettez-vous là.*
*Babet, verse à monsieu. Aimez-vous l'eau-de-vie? —*
Non, je ne bois point de cela. —
*Ah! mon Dieu! de cela! Manon, comme ça parle!*
*Queux façons! Buvez donc; t'nez, quand c'est avalé,*
*Ça courtz au cœur, ça vous l'régale.*
*Dame! on vend y tout du mêlé;*
*En voulez-vous, monsieu l'enflé?*
*Y n'aime pas à boire dans des tasses.*
*Veut-y un verre? —* Eh! non, en vérité! —

*Hé bien donc, à vot' santé. —*
Vous me faites honneur, je vous rends mille graces.
*Ah! j'aimons mieux le bénédicité. —*
*Allons, tais-toi, Fanchon, va, tu ne sais pas vivre:*
*Vois-tu pas ben que c'est un compliment?*
*Monsieu a lu l'écriture d'un livre,*
*Ça fait que sa magnière accueille poliment.*
*Pas vrai, monsieu? Quoi! n'y a pû d'quoi boire?*
*J'irons ben jusqu'à tras d'mistiers,*
*Si monsieu veut? — Ah! volontiers. —*
*Dépêchez-vous, père Grégoire,*
*Moitié d'ça; vîte, alerte, et du bon.*
*Ça, faut nous excuser, not' maître,*
*Car vous nous en voulez peut-être;*
*Mais en vous demandant pardon,*
*Et vous baisant, je serons quittes.*
Ce n'est point tout ce que vous dites
Qui m'offense le plus; mais c'est
De m'avoir jeté mon bouquet:
Et pour en trouver un de même,
Aussi frais, aussi beau…. *Vous me donnez l'hoquet,*
*Avec vot' chien de regret;*
*Mais c'est vrai: tiens, le v'là tout blême!*
*Allez, ne vous chagrinez pas,*

*J'allons aller cheux mon oncle Baptiste,*
    *Qu'est un bon jardinier fleuriste;*
*Il a des fleurs jusqu'à la saint Thomas :*
    *Ce n'est pas ben loin qu'i demeure;*
    *Drès que j'aurons bû ça, j'irons.*
*Allons, Babet, achève, et pis partons.*
*Monsieu paye-t-y tout?* Oui. Je m'échappai sur l'heure.
*Quoi donc! c'est pas par-là. Comme y court! Y s'en va?*
*Dites-nous donc adieu. Hé! Daniel, bon voyage.*
    *C'est pourtant l'bon Dieu qu'a fait ça!*
*Queu malin chien! Parlez, la belle image,*
*Courez donc pas si fort, vos mollets vont tumber.*
    *Otez-vous donc de son passage,*
*Il a le mord zaux dents; garre! y va regimber.*
Grace à mes pieds, de leurs mains je m'échappe;
Protestant bien qu'avant qu'on m'y ratrappe,
On verra vos attraits le céder à Vénus,
    En défauts changer vos vertus,
Et mon respect, mon amitié, mon zèle,
Désavouer mon hommage fidèle.

**FIN DU TROISIÈME BOUQUET.**

## QUATRIÈME BOUQUET.

Quoi! je ne pourrai pas vous donner un bouquet
    Sans risquer quelques invectives?
    Sans essuyer de ces femmes rétives
    Tout ce que leur maudit caquet
    Va recueillir dans les archives
    Des ports, des halles, du guichet?
   Bon! direz-vous, qu'est-ce que cela fait?
   Vous ripostez à leurs façons naïves;
Vous en riez vous-même. — Oh! non pas, s'il vous plaît.
Aurais-je débuté par des rimes plaintives,
    Si je n'étais tout stupéfait
De ce qu'elles m'ont dit en paroles trop vives?
Fort sérieusement je vais conter le fait.
    Vers le milieu de votre rue
    Une femme s'offre à ma vue,
Avec un corbillon sur son ventre perché,
Des bouquets à l'entour. *Monsieur, monsieur,* dit-elle,
*Vous oubliez du fin.* Je me suis approché.
Je voudrais, ai-je dit, la fleur la plus nouvelle. —
*Prenez c't'orange-là, gni' en a pas dans le marché*

*D'plus mieux.* Combien? *Vingt sous en conscience.*
    La recevant, elle a lâché
    Un ris suspect à ma prudence :
    En effet, avec défiance
J'examine, et je vois mon orange attachée
Au bout d'une allumette. Ah! dis-je, l'impudence!
    Mais votre orange est fichée,
    Elle n'a point de queue.— *Allez, gonze!*
*S'elle est fichée, vous, vous êtes fichu,*
*Chien d'aumônier du cheval de bronze,*
    *Bel ange à double pied fourchu.*
    *Demandez-moi quoi qu'i me d'mande,*
    *Avec son visage sans viande ?*
*N'avez-vous pas ach'té? voyons, hem, parlez?* Oui.
Mais tenez, gardez-le.— *Mon fiston, grand marci;*
*Queu gracieuseté!— Allez, laissez-la dire,*
    Me dit une autre en s'approchant;
    *Ly répondre ça serait pire,*
    *All' vous grugerait d'un coup d'dent. —*
    *Hé! Thérèse,* dit la première,
    *Tu vois ben c'monsieu : c'est un chien*
    *Qui m'tromperait s'il ne valait rien;*
    *Car il vous a la mine fière,*
*Et le cœur doux.* Eh mais! il est en deuil!

*Ça vous va ben; ça sied à vot' figure :*
    *Il a les graces d'un cercueil.*
    *V'nez m'baiser, v'nez.— Ah! t'es trop dure.*
*T'nez, monsieu, moi j'vas vous accommoder.*
    Soit, dis-je. — *Ah! ça n'va pas tarder,*
    *J'm'en vante.* L'autre, que le diable
Chargeait du soin de me faire damner,
Les bras croisés, d'un œil désagréable
    S'occupait à m'examiner.
*Quoi!* dit-elle, *fareau! vous portez donc la tuette? —*
    *Mais,* répond l'autre, *all' est ben faite*
*Pour monsieu.— Ly? c'est l'fils d'queuques vitriers. —*
*A quoi donc qu'tu vois ça? — Droit aux yeux ça se jette.*
*Tiens, il a des panneaux de verre à ses souliers.*
*Vois-tu comm'ça tarluit! Chien! ça m'ébarluette.—*
*Va, tais-toi donc, ce sont des bouq's à diamans.*
    Eh! morbleu, dis-je à la seconde,
    Dépêchez-vous donc. — *Monsieu gronde !*
*Thérèse, as-tu fini? tu fais bisquer les gens;*
*Faut qu'il aille porter ses billets d'enterremens :*
    *Dépêche-toi.— Que je me dépêche?*
    *S'il est si pressé, qu'est-c' qui l'empêche*
    *De fouiner?*[1] — Je la prends au mot,

_____
[1] S'en aller.

Et je pars. *Parlez donc, vieux manche de gigot?*
*L'homme? eh! l'homme au bouquet sans queue?*
 *V'nez ; c'est qu'on rit, monsieu ragot.*
 *Il sent l'damné d'un quart de lieue.*
 *Vous arriv'rez core assez tôt*
 *Pour faire peur.* — *Allez, madame,*
 *Par charité, donnez-ly l'bras :*
*Le vent va l'envoler, car il ne pèse pas*
 *La moitié de sa fine lame.*

Jusques chez vous elles m'ont poursuivi :
 J'y suis donc enfin, Dieu merci.
 Mais n'attendez point, je vous prie,
 Ni bouquet, ni la moindre fleur,
 Non pas même un souhait flatteur
 Pour votre personne chérie ;
 Je suis de trop mauvaise humeur.
 Je me borne à vous rendre compte
 De mon guignon et de ma honte ;
Et votre esprit vif, doux, léger, touchant,
Vos attraits, vos vertus, votre amitié sincère,
 Ainsi que votre excellent caractère,
 Se passeront de compliment.

FIN DES BOUQUETS POISSARDS.

# LE DÉJEUNÉ

# DE LA RAPÉE,

O U

# DISCOURS

## DES HALLES ET DES PORTS;

## PAR L'ÉCLUSE.

# LE DÉJEUNÉ

# DE LA RAPÉE.

*L*E *dernier jour de carnaval,*
*A trois heures je fus au bal*
*En équipage de poissarde :*
*Là, contrefaisant la mignarde*
*Dans une loge à l'Opéra,*
*Un abbé de moi s'approcha.*
*Parbleu, dit-il, dame Françoise,*
*Votre corset de siamoise,*
*Sur mon honneur, est fait au tour :*
*Ce petit chef-d'œuvre du jour*
*Renferme une gorge bien dure.*

## TON POISSARD.

Allez, l'abbé, c'est imposture,
*Lui dis-je en lui poussant la main*

*Dont le jeu devenait badin.*
*Comment donc,* me dit-il, *la belle,*
*Vous voulez faire la cruelle !*
*Laissez-moi prendre ces tetons.* —
Allez, monsieur tâte-chiffons,
Je n'voulons de badinage
Qu'en magnière de mariage :
Croit-il que j'avons destiné
Not' honneur pour son chien de nez ?
Non ; je l'gardons à la Tulipe,
Qui nous a confié sa pipe
Pour assurance d'ses amours ;
Parquoi j'laimons sans détours. —
*Par ma foi, tu serais bien sotte;*
*Viens manger d'une matelotte,*
*Et boire d'un excellent vin,*
*Avec un aimable blondin*
*Qui m'attend au moulin d'Javelle.* —
Allez donc, monsieu sans çarvelle :
S'il n'a pas d'autre messager,
Sans nous il pourra la manger.
J'suivons la méthode de Biauce,
Où chaque poisson a sa sauce :

La mienne est à la croque-au-sel,
La vôtre à la maître-d'hôtel :
Je n'voulons pas d'mélange,
Et not' goût jamais n'change. —
*Que ton propos tient du marché !* —
Pas vrai, monsieu l'déhanché ?
Je n'sommes pas de ces grisettes
Qu'avont quantité d'amourettes,
Ni de ces donzelles à bichons
Qui soutenont des greluchons.
Voyez ce muguet trousse-cotte,
Qui voudrait nous manier LA RIME !
Oui, c'est pour lui qu'on cuit cheu moi ?
Quien, l'abbé, v'là toujours pour toi....
N'me touche pas, c'est autant d'tache,
Ou j'te frise la moustache
Avec le cul de mon chaudron,
Chien d'perroquet de Montfaucon !...
Il fuit avec sa courte-honte !
Il faut jusqu'au bout qu'on l'affronte.
Adieu, monsieu le calotin,
Reste de lèpre et de farcin !
Adieu donc, conteur de sornettes,

Casuiste des marionnettes !
Adieu, vilain singe à rabat,
Vraie figure de célibat !
Bon soir, espalier de la Grève :
Que Dieu m'écoute, et qu'il te crève !

*A peine eus-je achevé ces mots, que nombre de masques de l'un et de l'autre sexe m'emmenèrent au Cabinet des Glaces, où l'on me proposa le fin déjeûné de la Rapée, et de passer au Cimetière Saint-Jean pour nous faire dire des pouilles.*

*J'acceptai les deux propositions, et nous commençâmes par le Cimetière Saint-Jean, où j'attaquai la* Nannette Dupuy, *l'une des plus fortes gueules de cette engeance grossière, en lui marchandant douze merlans, dont je lui offris le sixième de ce qu'elle les avait appréciés : ce fut assez pour se faire dire autant d'imprécations que le pape en peut absoudre.*

*Elle ne fut pas long-temps à réfléchir sur sa harangue ordurière, qu'elle nous rendit avec une candeur qui blessa les oreilles féminines qui m'a-*

*vaient accompagné ; ce qui les obligea de se re-*
*tirer dans leur carrosse.*

*Je ripostai avec épigramme à chaque horreur de*
*cette poissarde, qui soutint environ trois quarts-*
*d'heure ; après lequel temps, la voyant* à quia, *je*
*pris congé d'elle en ces termes :*

## TON POISSARD.

Adieu, Margot la profiteuse, infectée gueuse à
crapaut : garde ton poisson, il est pourri ; tu mets
des influences de la lune sur les ouïes pour le faire
paroître frais. La vente du poisson n'est pas le plus
fort de ton gagnage : c'est l'trafic de la chair humaine qui te soutient dans tes biaux atours. Com-
mode à tout usage, va, j'te reconnoissons ben,
donneuse de nouvelles à la main : t'as plus tué
d'hommes en quatre mois d'hiver, que la Pucelle
d'Orléans n'a détruit d'Anglais en sa vie. Tu n'auras
jamais d'not' argent ; j'aimons mieux agir comme
les gens d'campagne, faire valoir not'bien par nos
mains. Va te cacher, dépouilleuse d'enfans dans les
allées. Tu as eu la tapette et l'baudru ; j't'avons vu
faire la procession dans la ville, derrière le confes-

sionnal à deux roues à Charlot casse-bras, qui t'a marqué l'épaule au poinçon d'Paris.

Adieu, figure d'oignon pelé, qu'on ne saurait voir sans pleurer; gueule d'empeigne garnie de clous de giroffe enchâssés dans du pain d'épice.

Du derrière de ma boutique tu en ferais bien ton étalage, pas vrai? magneuse de jugeottes, patraque démantibulée, vieille citadelle démolie, mazure abandonnée, gouffre de chair, cloaque empesté, sac à graillon, moule à satan, barque à Caron! va, si j'faisions un chapelet de maquerelles, tu ferais ben le pater.

*Je passai à une autre, et lui dis des gaudrioles qu'elle prit assez bien; ce qui détermina le marquis de.... à quitter le corps de réserve pour me venir joindre. Il prit le ton badin avec cette fille, dont la figure était capable de réveiller les plus assoupis, et lui dit que ses merlans étaient courts.*

### TON POISSARD.

Courts, monsieu? *lui dit-elle,* vous n'y pensez pas? En v'là de plus petits, de plus moyens, et v'là les grands d'la saison, que j'vous vendrons cent sous la d'mi-douzaine. Allons, bijou, étrennez-nous joyeusement; ça nous portra un heur de Dieu.

*Tu te moques,* dit le marquis; *ils ne valent pas quarante sous.*

TON POISSARD.

Quarante sous? *dit la marchande;* on vous en sout.

*Ma foi, c'est assez,* dit le marquis; *ils ne sont pas si longs que mon.....*

TON POISSARD.

Allez, menteu! J'crois qu'vous n'cachez pas tous vos mollets dans vos bas : c'est comme la barque d'Anière, ça ne sart plus qu'à passer l'iau. J'suis sûre que si je l'prenions, j'aurions bientôt conclu not' marché avec vous; car je ne nous tiendrions pas à grand'chose. Allez, monsieu, j'sommes une brave et honnête fille, Guieu marci; mais on ne nous en fera pas accroire là-dessus. Écoutez, gros gausseux, j'allons vous donner six merlans.... et si.... v'là tout.

*Je le veux bien,* dit le marquis; *mais je gage un louis contre tes merlans qu'il y a bien à dire.*

TON POISSARD.

Va, *dit la curieuse;* qui ne risque rien n'a rien. *Tiens,* dit le marquis.

TON POISSARD.

Ah! mon cher monsieu! hé! vraiment oui : ce n'est rien que mes merlans au prix. Vous les avez gagnés, ils sont à vous; j'vous les donnons d'un grand cœur..... Là, là, vous êtes bien pressé ? J'aimons mieux vous donner encore six merlans, et pis j'voulons voir si vous n'nous farcinez pas les yeux.

*C'est trop juste,* dit le marquis; *contente-toi, et garde tes merlans.*

TON POISSARD.

Ah! ah! chien! Hai, parle donc, ma commère ? Eh! ma commère ? Hai, viens donc voir; viens donc voir.

*Nous quittâmes cette jolie poissonnière, pour aller joindre la compagnie et déjeuner à la Ra-pée. A peine fûmes-nous débarqués de la voiture, que j'entendis des mariniers chanter à tour de* mâchoires. *J'approchai d'eux pour les écouter sans être aperçu; mais ils cessèrent leurs cantiques bachiques pour boire un coup de rogome.*

A ta santé, toi, *dit l'un d'eux d'une voix enrouée.* — Grand merci; à la quienne aussi.

*Cette cérémonie fit faire un silence qui m'ennuya. J'étais sur le point de m'en aller, lorsqu'un de ces rustres dit :*

### D'UNE VOIX ENROUÉE.

Hai, Nicolas! donne-moi un peu d'tabac en fumière. — J'n'en avons sarpedié pas une gringuenaude, *dit Nicolas;* j'n'ai qu'du tabac en rapière, que j'avons eu hier d'un homme de plume qu'javons passé dans not'bachot, avec la valicence de plus d'eune chartée d'bénédictions. Quien, je vas t'conter ça.

*Continuant d'une voix enrouée.*

Hier j'déjeunis avec le fils d'monsieu Saint-Louis, l'maître passeux d'la porte d'la Circonférence, stilà qu'j'avons une fois tiré de ce préjudice auprès du pont d'Saint-Maur; et pis cadet Jambe-de-Creux, le fils du chiffre de la ville, qui joue de la flûte

traparcière, des claquessins, des timballons et cla-
pinettes. Comme j'les r'passions d'l'aute bord avec
c't'homme de plume, on m'applit pour accueillir.
J'pris dans mon bachot tras docteux d'la Sarbonne,
et pis l'père Honoré, qui est un des premiers mi-
nistres d'la loi.

Les v'là entre zeu qui parlions d'la constraction.
Moi j'dis comme ça : Mon révérend père, excusez
d'la libartance que j'prenons : qu'est-ce que c'est
donc que ste constraction? Est-ce encore queuque
impôt qu'y veulent mettre sur nos bachots?

Non, *dit Jambe-de-Creux;* la constraction en
stile marquentin, c'est une lettre de change tirée
par le P. Lavalette, à l'ordre des Jésuites, sur la
France, pour valeur reçue comptant, qui ( ne
l'ayant pas voulu accepter) reste pour leur compte;
et n'ont osé les Jésuites en demander le rembour-
sement au Saint Père. Tous les écrits qui ont été
faits jusqu'à présent sont le protès.

V'là un d'ces docteux qui ly souquient que non;
il se prend avec l'docteux. V'là ce docteux qui ly
demande s'y savait son catéchime, et combien il
y a de Guieux. Il a sarpédié été bien embarrassé.

Moi j'étais toujours à pousser hors avec mon croc
en arcboutant. Quand j'ai vu qui n'répondait pû
adrume, j'ly dis moi : Ote-toi d'là, tu gnais pû.
T'nez, mon révérend père, je n'sommes pas distillé
dans la vocation du parlementage ; je n'avons pas
la parole en main comme vous ; mais t'nez, y a
mon frère qui est le frère prêcheux d'la Charité, y
vous fera voir que dans not' famille j'ons toujours
eu queuque connaissance de l'écriture, et que je
savons not' catéchime, dà.

*Un autre dit :* J'passi y a tras jours une demoiselle d'Opira, qui était avec deux Plumets. La v'là,
sous vot'respect, qui s'assit sur la levée de mon bachot entre ces deux cadets. Je l'avisis qui coulait
sa main en douceur, là.... pour à celle fin de tenir
à queute chose en cas d'malheur. Je la reluquais ;
alle voulut, à cause de ça, nous ficher la gouaye :
Prends garde, dit-elle, de nous couler à fond en
t'amusant à nous r'garder. Mameselle, lui fis-je,
allez, vous n'avez rien à risquer ; ça ny va jamais.

Alle voulut jaspiner avec moi ; a m'demandit
si j'aimerais mieux faire aute chose que d'ramer.
J'ly disis, sans barguiner, que je ne souhaiterions

qu'une chose pour toute héritance. — Qu'est-ce que c'est, dit-elle? — Que mon bachot, lui fis-je, soit parcé de trente trous, et que chaque trou me rapportît autant que..... vous m'entendez? suffit..... Je serais, jarnigué! pû content que l'roi.

*L'abreuvoir manqua ; on se leva, en disant, d'un ton enroué :* Allons charcher des cendres à la paroisse, sans quoi j'n'aurions pas l'absolution à confesse.

*J'entrai chez Chapelot retrouver ma compagnie qui m'avait accusé de désertion ; je leur racontai les histoires que je venais d'entendre ; et l'on me demanda, pendant le déjeuné, les suivantes.*

*Un marinier rencontrant un de ses compatriotes sortant du salut de Saint-Sulpice, lui dit :* Hay, Jacot, veux-tu payer demi-sequier? Non, *dit Jacot;* laisse-moi, j'suis d'eune colère d'un chien. — Qu'est-ce que t'as donc? — Ce que j'ai? Est-ce que tu n'étais pas au salut? — Si fait. — Et ben! t'as pas vu l'tour qu'on m'a fait? — Non, ou l'guiable m'estringole. Queu tour donc? — Comment! ce monsieu

Clairgnanbault, l'organis de Saint-Sulplice, s'en est venu m'accueillir et m'dire comme ça : Jacot, veux-tu venir jouer des ogres avec moi ? Je l'veux bien, ly fis-je. J'montons avec ly, j'faisons la convenance ; j'pernons l'ton ; j'ly souffle *Pange lingua*, l'chien joue l'*Te Deum*.

*La fille de la Ango, fruitière des Halles, épouse d'un agent de change, passant, un mois après son mariage, dans son territoire natal, fit arrêter son carrosse pour parler à ses anciennes connaissances du quartier, qu'elle appela de sa portière, en son idiome ordinaire.*

### D'UN TON POISSARD.

Hay ! Marie-Louise, hay ! Marie-Jeanne ; ma comère, mon copère ; eh ! v'nez donc me parler.

Eh ! qu'est-ce donc là qui vous appelle, *dit une voisine ?* Qu'est-ce, *dit Marie-Louise ?* alle ne la reconnaît pas. Eh ! c'est la fille de mameselle Ango, la grosse friquière orangère. Quoi ! c'est-y à elle ? *dit la voisine.* Et vante-t'en-zen, *dit Marie-Jeanne.* Dame ! alle est comme une princesse. Hay, allons ly parler ; qu'est-ce que j'risquons donc ? Est-ce que tu viens avec nous, toi, copère ?

TON ENROUÉ.

Vantez qu'j'irons, et des pus fiers d'la bande encore.

TON POISSARD.

Qui, toi, Mannequin ? *dit Marie-Louise.*

TON ENROUÉ.

Apparemment, madame Casaquin.

TON POISSARD.

Et mais ! vraiment, monsieur Jérôme,
Tu te présentes comme un atôme ;
Ote-toi d'là, tu m'effarouche.

TON ENROUÉ.

Allez, que Gargantua vous bouche.

TON POISSARD.

Nous lairras-tu, chien d'épagneux ?
Hay, Marie-Jeanne, viens-y nous deux.

Bon jour, mameselle Manon. Eh ! comme vous v'là brave ! je n'vous reconnaissons pû ; où allez-vous donc comme ça ? — Qui ? moi ? J'm'en vas acheter des livres pour mon heume qui fait une bibiotèque : y m'a dit de prendre le Montlheri nouveau, Bestiol et Cul-de-Jatte, et les Méta- phores d'Olive, de la dernière oppression. Dis donc, viendras-tu nous voir ? j'sommes ben logés, dà ; j'avons champignon sur rue : c'est une belle maison où l'y a des crampes de fer ; j'avons deux salles remplies de belles dépeintures avec des ca- davres dorés, des blanquettes de moquette en ma- gnière de velours, et des rustes de cristal minéral. Du vestanbule on voit dans not' jardin des piralires et des estatues sur des pieds détestables ; j'avons les stafilades d'appartemens d'arrache-pied, avec les portes d'escommunication ; de belles tapisse- ies d'Autelute. J'te régalerons ben ; j'mangeons lans nos frécassées, des treffles, des manilles, des noucherons ; à not' dessert, j'avons des raisins de oriande, des mâche-pains, des castilles en ma- nière de conserve ; j'buvons des vins d'rigueur et l'la crême des Barbares.

Note heume est habillé, Dieu sait comme ! Quien, mon enfant, il a des vestes de franchipane t de moëlle d'or, des bas de laine de Sigrosvie à

ses jambes. Dame ! il a le moyen de soutenir tout
ça, par rapport que monsieu son père a eu le vent
en croupe ; c'est ce qui fait qu'il a acheté de belles
et bonnes rentes voyagères. Il a une terre qui a des
droits de dos et ventre ; il est propriétaire d'une
bonne farme dont son neveu en est l'usurier-frui-
tier, par un bail amphibologique.

Il est d'une bonne famille ; il a un cousin qui
joue des ogres, un autre qui a étudié, qui s'est fait
passer maître-lazard, un autre qui assassine les plai-
deux aux consuls, une cousine qui est tourtière
dans un couvent, et une sœur qui a épousé un cent
de suisses de cheu le roi.

*Son compère Jerôme l'interrompit.*

D'UNE VOIX ENROUÉE.

Sarpejeu ! mameselle Manon, *lui dit-il,* y gna
qu'heur et malheur dans ce monde-ci. Il faut que
chacun s'pousse. Savez-vous que depuis que j'nai
eu la valicence de vous voir, j'nous sommes produit l'investiture d'une charge de corporal du guet
à pied, à cause que j'me suis toujours senti du
goût pour ce qui est en cas du fait des armes ? A

propos d'ça, voulez-vous boire une goutte de
paf?

Je l'voulons ben, *dit mameselle Ango, en ap-*
*pelant son laquais.* Saint-Jean ! vas nous chercher
d'misequier d'rogome, j'burons dans l'carosse.

*Marie-Louise et sa camarade y montèrent,*
*Jérôme fit le quatuor; l'on y but un pot d'eau-*
*de-vie à la fumée de sa pipe, et à la santé de*
*mademoiselle Ango, derechef et en réitérant.*
*Marie-Louise chanta comiquement ce grand*
*air.*

Eris, pour dépeindre les fleurs
Qui brident sur votre visage,
Brouillons ensemble les couleurs,
Et je vous ferai votre image :
Dans une coquine maline,
Dont vous a fait présent Saint-Prix,
Vous portez la crotte divine
Qui produit ce beau canary,
Et rend vivante la peinture.
Ah ! si j'y trempois mon balet,
J'éviterois tant la nature,
Que je ferais votre portrait.

*Marie-Jeanne commença celui-ci.*

Flambeau des ciels,
Pour braver ton ardeur burlante,
Nous cherchons ces aimables yeux :
Tout inspire dans ce seurjour ;
 Le guieu d'Amour
 Y quient sa cour.
L'onde murmure, remure, mure
 Dourcement.....

*Un hoquet l'empêcha de continuer, et lui fit rincer la bouche avec son dîné sur la robe de mademoiselle Ango, qui s'en fut fort courroucée de son indiscrétion.*

*Notre déjeûné se passa gaiement. En montant en carrosse pour nous en retourner, j'aperçus un fareau en chemise blanche, le toupet cardé, pipe en bouche et la canne à la main ; je lui dis d'un ton de port :*

Parle don, hai, chien ! les jours ouvrables sont-ils faits pour se promener ?

Tais-toi, *me dit-il*, timbalier du roi d'Maroc ; si j'avons le darrière ouvert, ce n'est pas à toi à fourrer ton nez dedans, aide-de-camp du pont

Saint-Michel; tu nous craches la crême de ton discours dans le visage.

Attends, *lui dis-je,* membre de gueux; j'allons te dire ta ginéalogie : Ton fils est page public, il porte un nœud d'épaule de bois sur quoi il décrote les souliers de ses pratiques; une partie de ta famille a fait dépaver la Grève.

Ton père a été étouffé dans la filasse; il est mort en l'air avec un bonnet de nuit de cheval au cou, en faisant une grimace devant le Pont-Rouge.

Ton frère a été exposé sur le guéridon à jour;

Ton cousin noyé dans un cent de fagots.

Ils ont fait gagner le père nourricier des perroquets de la Villette.

Ça ne t'épouvante pas; tu serais ben quinze jours au carcan sans rougir. Pas vrai, reste de volaille de Montfaucon? saint Cartouche est ton patron, marionnette du pilori, syndic des maqueraux, balustre de la Grève, ornement d'échafaud; va, si je faisois un fagot de j..... tu ferais le plus fort parement.

FIN DU DÉJEUNÉ DE LA RAPÉE.

# ÉTRENNES

## A

# MESSIEURS LES RIBOTEURS.

Messieurs,

J'profitons du biau et nouviau temps pour avouir l'honneur de vous flanquier par la philosomie un plat de not' mequier qui n'est pas chien, et dont j'nous flattons que vot' çarvelle, qui est subtile comme une botte d'alloumettes, sera satisfaite : ce sont les spiritueux rébus de mameselle *Margot la mal-peignée,* reine de la Halle, qui demeure au rez-de-chaussée d'un septième étage, à une maison qui n'a ni devant ni darrière. Alle fait une fille accomplie ; tous les hommes en sont amoureux comme les chiens d'coups d'bâtons : c'est une grande petite parsonne de la hauteur de la seringle d'un apoticuflaire, blanche comme la bouteille à l'encre, la tête faite en pain d'suc, les cheveux fins et doux comme un vieil balet de jonc, le front carré comme une cuillère à pot, les yeux à fleur de tête et grands comme des noyaux de cerise dans une bouteille à eau-de-vie, l'nez comme l'éperon d'une botte, les joues vermeilles comme une betterave, les lèvres rouges et petites comme les bords d'un vieux pot-de-chambre égueulé, les dents petites comme des touches d'é- pinette, l'haleine douce comme celle d'un bouc, le menton comme une corne à bouquin, la peau tendre comme une décrotoire, d'la gorge comme une lentille dans un plat, la taille menue comme un tambour, les jambes en serpents, les pieds en truelles de maçons, des grâces comme une tortue, la voix harmonieuse comme un corbeau, le ca- ractère gracieux comme la porte d'une prison ; en un mot, de l'esprit comme tous les dindons de l'univers. Voyez, messieurs, si avec de tels dons vous n'devez pas espérer d'être contents de l'éloquence de mameselle *Margot la mal-peignée,* dont l'ambition est d'captiver vos cœurs, comme j'suis jaloux d'vous divertir un moment.

J'ai l'honneur d'être, messieurs, mon très-humble serviteur,

D.   S.   S.

# DIALOGUE

### ENTRE

## M.<sup>lle</sup> MANON et M.<sup>r</sup> THOMAS,

*Chanson poissarde.*

### MANON.

TREDAME, monsieu Thomas,
Vous nous r'luquez du haut en bas !
Toutes ces façons n'nous conv'nont pas :
Quoiqu'on ne soit qu'ravaudeuse de bas,
J'ons du foin dans nos souliers ;
　　　J'ons refusé
D'épouser deux savetiers,
Trois porteurs d'eau, quatre écayers :
Ça fait pourtant des gens de métier.

### THOMAS.

Tredame, mamselle Manon,
Si j'vous r'luquons, c'est tout de bon,
Ce n'est qu'à bonne intention ;
Car aussi j'vous épouserons.

J'sommes marchand de loterie,
J'ons du débit;
Quand je serons votre mari,
Je distribuerons dans Paris
Le gros lot à grands et petits.

MANON.

Dam', c'est qu' j'ons un grand frère,
Il est soldat, il est bien fier,
Il pourrait bien nous empêcher,
En se fâchant, de nous marier:
Il est dans les gardes du roi,
Il est ma foi
Plus haut que vous de trois bons doigts:
Par la jarni! c'est un grivois
Qui sait se moucher avec ses doigts.

THOMAS.

Eh bien, s'il est comme ça,
Pensez-vous que je n'avons pas,
Quand j'sommes dans le cas,
Com' lui des pouces au bout des bras?
J'ons été soldat du guet,
J'ons fris l'balet;
J'ons servi, s'il vous plaît,

Pendant trois ans de maître valet
Chez un exempt du Châtelet.

M A N O N.

Eh bien, mon petit cœur,
Vous serez donc mon serviteur;
Vous méritez bien ce bonheur,
Puisq' vous ête un garçon d'honneur.
J'ons des parens dans note maison,
    Ma tante Chiffon,
Ma grand'tante Troussignon;
*Je vais les trouver tout de bon,*
Pour en avoir la permission.

T H O M A S.

Eh! palsangué! messieux,
Si vous êtes fort amoureux,
Mariez-vous, c'est pour le mieux,
Car ça fait un plaisir joyeux.
Pour moi je me sens fort en train
    De mamselle Catin,
Dedans la rue Saint–Martin,
Tout vis-à-vis certain petit coin,
Et j'en fais la demande drès demain.

FIN DU DIALOGUE.

# LES

# SPIRITUEUX RÉBUS

## DE

## M.<sup>lle</sup> MARGOT LA MAL-PEIGNÉE,

### REINE DE LA HALLE,

#### ET MARCHANDE D'ORANGES.

*Le Farau.* Bon jour, mamselle Margot.

*M.<sup>lle</sup> Margot.* Bon jour, monsieu l'Farau.

*Le Farau.* Combien vos oranges?

*Margot.* Faut-il vous l'dire au jusse? Six sous pour vous.

*Le Farau.* Oh! c'est trop.

*Margot.* Et vous?

*Le Farau.* C'est trop, vous dis-je.

*Margot.* Vous ne les aurez pas pour ce que vous en dites.

*Le Farau.* Six yards.

*Margot.* Parle donc, Maré-Jeanne! as-tu des oranges à six yards à bailler à monsieu? Où demeurez-vous, monsieu? J'vais vous les envoyer par le cousin d'mon chien.

*Le Farau.* Tais-toi, beugueule.

*Margot.* Écoute, Jérôme, r'garde don ce monsieu manqué, qui m'appelle beugueule.

*Jérôme.* Qui? c'chien-là? faut l'y tourner la tête sens devant darrière.

*Margot.* N'ty joue pas, car il a un p'tit morciau d'fer au cul.

*Le Farau.* Vante-t'en, que j'en ons un, même pour faire la barbe à Jérôme.

*Jérôme.* Qui, toi, carcasse embeurée? J'te cloûrai l'ame entre deux pavés.

*Le Farau.* Nous serions deux.

*Jérôme.* Quien, crois-moi, retiré-toi; car j'te donnerons un rayon sus l'œil, qu'tu n'en verras goutte d'six semaines.

*Le Farau.* Si nous étions bien épeuré, tu nous f'rais quasiment peur, enfant d'chœur de Marseille.

*Jérôme.* Veux-tu te r'tirer, moule de gueux? car

j'sommes d'ces chiens d'sus le port; si je n'nous r'lichons avec l'un, j'nous r'lichons avec l'autre.

*Le Farau.* Nous serions deux, te dis-je ; n't'échauffe pas, car les pleurésies sont dangereuses st'année.

*Jérôme.* Veux-tu voir?

*Le Farau.* Quoi voir? qu't'aboîras beaucoup et qu'tu n'mordras pas.

*Jérôme.* Attends, chien, attends que j'ayons mis note habit bas, tu vas voir biau jeu.

*Le Farau.* Finissez, vous dis-je ; vous n'êtes pas michant.

*Jérôme.* Je crois que ce gratte pavé-là a envie de se faire rire ?

*Le Farau.* Pourquoi pas, puisque j'avons l'temps?

*Jérôme.* Laisse m'y passé, Maré–Jeanne ; que j' plaque conte el mur ce grin diot, ce grin coupe-jarret-là.

*Margot.* Et y allez-vous-en aussi, quand on vous l'deits.

*Le Farau.* Et v'là ma commère la possédée res- suscitée! Et comment te portes-tu depuis que tu ne l'as vu ?

*Margot.* Rind don compte à Malbroux, cet échappé de pilourie, ce morciau d'viande mal accroché.

*Le Farau.* Bon pour toi, pilier d'hôpital, confidente à soldats aux gardes, beauté manquée, dix fois vilaine, tapisserie de la Grève, morceau d'chien dégoûtant, ramassé dans un tas de boue ; reste de mon souper d'hier au soir.

*Margot.* Regarde don Maré-Jeanne, v'là ti pas un homme ben chié, pour nous aplé morceau de viande dégoûtant ? Va, s'il était là, y t'frait rintrer les paroles dans l'ventre, idole de bois flotté : queu peste de chevalier d'parade !

*Le Farau.* Qui, ton gueurluchon ?

*Margot.* Bon pour toi, pilier de Montfaucon, avec ta mine à Calo, capable de faire rindre le dijeuné à note chat ; va-tin, te dis-je, avec ton cadavre pestiféré. Quien ! que nous veut ce grind landale-là ? veux-tu t'en allé, vilain magot d'la Chine ; veux-tu courir, t'dis-je ?

*Le Farau.* Mameselle la guenon, en as-tu assez dégoisé, avec ton nez propre à crotter min cul ?

*Margot.* Scis-tu qu'c'est qu'ine guenon ? enfant de dix-sept pères, diseu d'bonne aventure, espion d'orphelins de murailles.

*Le Farau.* Y a long-temps que je l'savons pour la première fois, car c'est toi qui a fait la fortune à Simonne[1] : tu dois ben t'en souvenir, puisque tout le monde disait que tu avais le visage fait comme un sabot, et les yeux à fleur de tête comme un gros sou dans la poche d'un aveugle. Ai-je menti, vilaine ?

*Margot.* Faudrait être sorti de ta bohémienne de famille pour être un monstre de nature comme toi, l'houreur du genre humain.

*Le Farau.* Tais-toi donc, poison d'la Halle, crême de laideur, honnête fille manquée, grouin de cochon : va, va, ne fais pas tant la fiarre ; car si t'as un tabier su l'cul, c'est ton soldat aux gardes qui t' l'a donné.

*Margot.* Eh ! quoi t'embarasses-tu, hai ? n'y a qu'ça et les poumes cuites qui nous font vivre.

*Le Farau.* Quien, r'garde donc cette belle et

[1] Simonne était une charlatane qui a longtemps rodé dans Paris, et qui avait toujours une guenon avec elle.

bonne chienne! la v'là rouge comme un rubis,
belle comme un oignon; on n'saurait la r'garder
sans pleurer : alle est propre comme une pelle
à boueux, grave comme un pot de chambre
égueulé.

*Margot.* Hé ben, est-ce là tout? double de magot
dessalé dans l'déboir d'une gueuse, cœur de ci-
trouille fricassé dans la neige, récureux d'puits
où l'on chie; t'as la gueule morte, avec ta mine
de papier mâché, ton peste de nez épaté, qui
ressemble au cul à la jument de maître Jean.

*Le Farau.* Pourquoi veux-tu qu'jayons la gueule
morte? va, va, j'avons mangé d'lail, j'lavons
forte; et je dirons en deux paroles et une ber-
douille, que t'es une charogne échappée de la
boucherie à Giroux [1].

*Margot.* Va-t-en donc à la Grève, où ton père a
été pendu, où tu s'ras rompu, vilain, avec tes
yeux chassieux.

*Le Farau.* Si j'y sommes rompu, t'y prendras les
bains dans un cent d'fagots avec toute ta clique
et ton Jérôme.

[1] Giroux est l'écorcheux des chevaux de Paris.

*Margot.* Jérôme, entends-tu c'visage antique, qui deist que je s'rons brûlés?.

*Jérôme.* Tu n'sourais l'y répondre que c'est jeudi son tour, que ses billets d'entirment sont sous la presse?

*Le Farau.* Tu badines, te dis-je; car c'est demain que Charlot f'ra un haricot de ton corps, comme étant sorti des culottes à Cartouche.

*Jérôme.* Attends-m'y là, j'sommes à toi dans le quart-d'heure.

*Le Farau.* Arrêtez donc cette henneton qui a d'la paille au cul.

*Jérôme.* N'bouge donc pas, chien; reste donc là.

*Jérôme va chercher un bâton et s'en revient; le Farau, en le voyant venir, met la flamberge au vent. Margot et Maré-Jeanne saisissent le Farau par derrière; Jérôme profite de cela, saboule mon Farau, lui casse son épée. La garde vient, on met les manchettes à Jérôme et au Farau; Margot et Maré-Jeanne vont aussi chez le commissaire. Jérôme et le Farau vont au Châtelet; Margot et Maré-Jeanne sont renvoyées, mais menacées de l'Hôpital.*

*Chemin faisant, Maré-Jeanne rencontre la Jacqlaine qui lui demande trois yards qu'elle lui doit.*

*La Jacquelaine.* Et mes trois yards, quand m'les bailleras-tu ?

*Maré-Jeanne.* Quand les poules marcheront avec des béquilles, *( elle lui montre des cornes ).*

*La Jacquelaine.* Et ben, pisque c'est comme ça, je n'te quittrons pas que je les ayons, ou j'tarracherai ton bonnet.

*Maré-Jeanne.* Quien, v'là toujours pour toi ; *( ce sont encore des cornes qu'elle lui montre ).*

*La Jacquelaine.* J'veux que l'diable emporte l'ame d'mon chien, si tu ne m'les donnes tout-à-l'heure.

*Maré-Jeanne.* Tu n'les auras pas, car t'est une affronteuse.

*La Jacquelaine.* Et toi, qué que t'est ? une larounesse, une pucelle de la rue Maubuée, une coureuse de garçons.

*Maré-Jeanne.* Dis donc, toi, vilaine empoisonneuse d'hommes ; car n'en as-tu pas attrapé plusieurs, et tous enfans du carquier ?

*La Jacquelaine.* Va, va, j'avons toujours eu plus d'honneur que toi; j'n'avons pas paru à la police trois fois comme toi.

*Maré-Jeanne.* Si j'y avons paru, c'n'est pas pour nos mal faits.

*La Jacquelaine.* Tu nous en coules, ma mignone; va, j'te connaissons d'pis long-temps.

*Maré-Jeanne.* Quand tu nous connitrais, je ne sommes pas une effrontée comme toi, un reste de pâte à tout l'monde; j'nallons pas de porte en porte pleurer, et dire, J'nons pas d'pain.

*La Jacquelaine.* M'y as-tu vu, mangeuse de tout bien, pilier d'cabaret? Quien, tais-toi, car t'est encore soule.

*Maré-Jeanne.* Faudrait être une gueule à tout grain comme toi.

*La Jacquelaine.* Apprends qui n'y a qu'un chien qu'a une gueule, et que j'avons reçu l'batême.

*Maré-Jeanne.* T'en n'es pas meilleure pour ça.

*La Jacquelaine.* J'valons ben note derniare maraine.

*Maré-Jeanne.* Qui? toi? ça n's'ra jamais ton tour; qu'est-ce qui voudrait d'toi, car tu n'vaux pas un chien mort?

*La Jacquelaine.* Et toi, la corde pour te pendre. La pourriture ! la pourriture !

*Maré-Jeanne.* N'crie point la pourriture ; j'nons pas encore vendu mi hardes comme t'as fait, pour nous faire blanchir.

*La Jacquelaine.* J'aimons mieux être toute nue que d'avoir empoisonné tout Paris comme t'as fait. Quien, crois-moi, rind m'y mes trois yards, car j'allons nous tourcher.

*Maré-Jeanne.* J'sommes pour toi.

*La Jacquelaine.* Dépêche-toi, te dis-je, de m'les rindre.

*Maré-Jeanne.* Les dépêchés sont pendus.

*La Jacquelaine.* Tu n'veux donc pas ? foi de Jaclaine, j'vas t'prindre ton bounet.

*Jacqlaine se met en devoir d'ôter le bonnet à Maré-Jeanne, qui lui baille une giroflée à cinq feuilles ; elles se battent en relais ; les bonnets sont saucés dans le ruisseau. Maré-Jeanne est cependant la plus forte, et dit à la Jacqlaine, qui a les yeux pochés au beurre noir :* En as-tu assez pour tes trois yards ?

*La Jacquelaine répond :* J'sommes contente, j'les aurons toujours ben.

*Maré - Jeanne.* Ouin, quand j'taurons encore donné le bal.

*La Jacquelaine.* Tu n'oserais v'nir avec moi ?

*Maré-Jeanne.* Pourquoi pas ? j'vons par-tout la tête levée, toujours faisant bien, rien n'craignons.

*Les voilà parties chez Caplain, où elles demandent un demi-septier de sacré chien ; et la fin de ma comédie leur entre dans le ventre.*

FIN DES ÉTRENNES AUX RIBOTEURS.

---

# EXTRAIT DE L'INVENTAIRE

DES

# MEUBLES ET EFFETS

*Trouvés dans le Magasin d'une des Harengères de la Halle.*

PREMIÈREMENT, une douzaine d'assiettes de poil de chèvre, en forme de têtes d'aiguille.

Une douzaine de couteaux à lames de maroquin, et à manches de cornes de mouche.

Une marmite de neige fondue, durcie au soleil.

Deux chenets de beurre frais, faits au tour.

Une cremaillère de cire d'Espagne.

Une broche de paille d'avoine.

Une lèchefrite de toile de coton.

Une cruche faite de pepins de raisin, tenant quinze pintes, mesure de Saint-Denis.

Un parapluie tout neuf, fait d'un vieux crible.

Un éventail de l'aile d'une chauve-souris.

Un manchon de peau de baleine, fourré d'aiguilles fines.

Une paire de gants d'ivoire noir, en forme d'escarpins.

Une écritoire de futaine, doublée d'un fromage mou à fil d'or.

Une clochette de moëlle de bœuf, le battant d'une queue de vache.

Un balai de cristal de roche, emmanché dans une allumette.

Un cadran de fromage à la pie, qui marque les heures perdues au parloir.

Un étui de chagrin, couleur de souci, à l'usage des mécontentes.

Une lunette d'approche, faite d'un tuyau de plume de grenouille, à l'usage des aveugles.

Deux pendans d'oreilles d'un fameux directeur, en forme de poupées à bec de pie.

Un bonnet de plomb tricoté, pour couvrir la tête de Jacqueline l'éventée.

Une paire d'escarpins neufs, d'une vieille étrille qui a servi au cheval de bronze.

Une petite cage, où cinquante harengs sorets chantent en B quarre, et volent en l'air.

Une autre cage, où douze phénix dansent sur la corde au son du tonnerre.

Une petite boîte de crême fouettée, qui ferme à clef.

Un microscope d'un œil de taupe, pour apercevoir le bon sens de....

Une huitre à l'écaille, qui fait le tour du monde en un jour.

Un chat d'Espagne, à plumes de perroquet, fait d'une dent de souris.

Un coq de pâte d'amande douce, qui chante comme une carpe frite.

Un coq-en-pâte qui joue des gobelets.

Un cochon de lait qui joue du clavecin sur une guitare.

Un ver à soie qui joue du flageolet sur un tambour.

Un panier percé plein de secrets éventés.

Un gros livre fait de la peau d'une chimère, où sont enregistrées les pensées creuses de . . . .

Un autre livre de sable d'Etampes, dans lequel on enregistre les bienfaits.

Un petit cure-dent à la mode, fait du pied d'un gros chêne.

Un petit manteau d'hiver, fourré de la peau d'une fièvre quarte passée à l'huile.

Une tabatière de lait caillé, faite au tricot.

Une écumoire d'étamine du Mans, doublée d'une peau de melon.

Un buste à la mosaïque, garni de motte à brûler.

Un ballot de livres fort curieux, imprimés dans le royaume de la lune, dont voici les titres :

Traité des accommodemens, par Gripis, procureur.

Traité de la compassion et de l'humanité, par le père Tigre, sergent.

Traité de la modestie convenable aux filles et aux femmes, par une comédienne.

Traité du bon sens, par Mathurin l'Ecervelé, doyen des Petites-Maisons.

Un traité d'optique, enrichi de figures, par Nicolas Clairvoyant, bourgeois des Quinze-Vingts.

Plusieurs autres grands traités sur différens sujets, en un petit volume, savoir :

De la constance des Français dans la manière de s'habiller.

De la bonne-foi des Italiens.

De l'humilité des Espagnols et des Gascons.

De la sobriété des Allemands et des Polonais.

De la fidélité des Anglais.

De la propreté des Hybernois.

De la politesse des Suisses et des Flamands.

De la probité des Normands.

De la simplicité des Manceaux.

De la libéralité des Provençaux.

De la subtilité d'esprit des Champenois.

Des ruses des Picards.

De la bravoure des Parisiens.

De la sagesse des Poitevins.

De la modération des Bretons.

. . . . . . . . . . . . . . . . . . . . . . .

*Nota.* Comme les derniers feuillets de ce petit volume se trouvent déchirés, on ne peut pas savoir quels sont les autres traités ; mais le lecteur intelligent suppléera aisément à ceux qui manquent.

# LISTE

### DES

# PLUS RARES CURIOSITÉS

*Trouvées dans un des magasins des Halles.*

Un pavé du Pont-Euxin.

Un greffier qui saute à pieds joints par dessus la justice.

Une vieille femme qui saute à reculons de soixante ans à trente.

Une jeune fille qui saute en avant de l'état de fille à celui de veuve, sans avoir passé par le mariage.

Un animal moitié avocat, moitié petit-maître.

Un sac fait à l'aiguille, contenant le procès d'un Bas-Normand, commencé sous Richard-sans-peur, et qui ne finira encore de deux siècles.

Une pierre philosophale, qui devient invisible quand on veut s'en servir.

Le coffre-fort d'un Gascon, pesant trois grains de blé; et si il y a dedans l'épargne de deux années.

Une pendule qui marque l'heure d'emprunter, et jamais celle de rendre.

Des panaches tirées de l'aigle de Jupiter.

Un atóme enchâssé dans le vide d'Épicure.

Un morceau de la peur de Démosthène, trouvé près d'un buisson auquel il demanda la vie, le prenant pour un ennemi.

La lisière qui a servi à promener Gargantua.

La corne de Jupiter transformé en taureau pour enlever la belle Europe.

Un caillou de cristal minéral, trouvé dans les ruines d'une ville renversée par des lapins.

Plusieurs vases précieux, remplis d'eau-bénite de cour.

La souris dont la montagne accoucha.

La chaise percée et le bassin dont se servit Cléopâtre après avoir avalé une perle de très-grand prix, qu'elle avait fait dissoudre dans du vinaigre.

Des têtes où se sont retirées les vieilles lunes, quand les nouvelles sont venues.

Une pétarade du cheval de Troye.

Les deux pendans que Gargantua mit aux deux oreilles de sa grande jument.

La pierre précieuse que le coq d'Esope trouva dans du fumier.

Une chopine de lait de la vache Io.

Six douzaines des yeux d'Argus.

Une roupie du grand hiver, apportée des pays septentrionaux.

L'œil gauche de la lune, qui a servi longtemps de lampe sur l'escalier des Quinze-Vingts.

Une pincette pour tirer les vers du nez sans que l'on s'en aperçoive.

Trois onces de fil retors, pour en revendre aux plus rusés.

Une doublure de gosier pavé, à l'usage des gourmands qui mangent la soupe trop chaude.

La jambe gauche d'une mule ferrée par un habile maître-d'hôtel.

Une des fantaisies de Bruscambille, drôlement habillé par le tailleur du régiment de la calotte.

Le trépied de Delphes pour prédire les choses passées.

Une vieille étrille pour le cheval de bronze.

Le picotin dont on se servait pour donner l'avoine au cheval Bucéphale.

Une crotte musquée du cheval des quatre fils Aimon.

Un cerceau entier du tonneau de Diogène.

L'archet du violon d'Apollon.

Trois pintes d'eau de la fontaine d'Hippocrène, mesure de Saint-Denis.

Un robinet pour tirer de l'huile d'un mur.

Un des fers du cheval Pégase.

Deux sacs de laine d'un œuf qu'on a tondu.

Une perruque des cheveux de Charles le Chauve.

Un mouchoir qui force ceux qui se sentent morveux de se moucher.

Un muid de rubis sur l'ongle.

Un balai qui a servi à plusieurs personnes, de père en fils, pour aller au sabat.

Plusieurs morceaux d'aiguilles rompues sur le genou.

Un panier à qui on dit adieu à cause que les vendanges sont faites, donné par une vieille coquette à une jeune.

Une aune d'amusement de tapis pour tuer le temps.

Un violon pour faire danser l'anse du panier.

Un morceau de bois dont on fait les vielles, propre pour rendre complaisans les esprits de contradiction.

Une cuirasse dont on ne peut prendre le défaut.

Un villebrequin avec lequel on peut faire un trou à la lune.

Le fouet d'un Fesse-Mathieu.

Un opiat composé de faim et de soif, détrempé dans une chopine de sobriété, pour guérir de la pierre.

L'habit d'hermite dont se servit le diable quand il fut vieux.

Un chapelet d'oreilles coupées aux ventres affamés.

Un lièvre pris au son du tambour.

La culotte d'Achille, capable d'inspirer du courage aux poltrons.

Les escarpins d'Hérodias, qui apprennent à danser à toutes les filles qui manquent de dispositions.

Une flûte d'Arabie qui n'a qu'un trou, et dont on joue sans remuer les doigts.

Une hyperbole bleue trouvée en Espagne, derrière un

château, à l'usage des nouvellistes et de ceux qui bâtissent.

La juste moitié d'un rot que fit Goliath en mourant, trouvée derrière une pyramide d'Egypte, dans un bloc de pierre.

Une pièce de monnaie avec laquelle on achetait les faveurs des courtisannes.

La jupe de Thétis, qui n'a jamais été mouillée, quoiqu'elle soit sortie du sein de la mer, trouvée derrière les décorations de l'opéra, utile aux femmes qui s'exposent à la pluie.

FIN DE LA LISTE DE CURIOSITÉS.

# DÉCLARATION D'AMOUR

ENTRE

M.<sup>r</sup> DUBOIS, MARCHAND D'ALLUMETTES,

ET

M.<sup>lle</sup> PERRETTE, FAISEUSE DE RABATS.

PERRETTE.

DE bonne-foi, m'aimes-tu ?

DUBOIS.

Oui, assurément : je t'aime comme les filoux aiment la bourse. Et toi, m'aimes-tu ?

PERRETTE.

Je t'aime comme les vieillards aiment l'argent.

DUBOIS.

Et moi, comme les maîtres à danser aiment les beaux habits.

PERRETTE.

Et moi, comme les Normands aiment les procès.

DUBOIS.

Et moi, comme les libraires aiment les auteurs qui ne leur demandent rien.

PERRETTE.

Et moi, comme les femmes aiment à paraître belles.

DUBOIS.

Et moi, comme les médecins aiment la maladie.

PERRETTE.

Et moi, comme les procureurs aiment les grosses lettres.

DUBOIS.

Et moi, comme les jeunes gens aiment la dépense.

PERRETTE.

Et moi, comme les musiciens aiment à boire.

DUBOIS.

Et moi, comme le vent aime les girouettes.

PERRETTE.

Et moi, comme les comédiens aiment les grosses assemblées.

DUBOIS.

Alte-là, mademoiselle Perrette; on ne peut rien de plus fort.

# COMPLAINTE

*D'une Ravaudeuse à son Amant.*

DANS les Gardes Françaises
J'avais un amoureux,
Fringant, chaud comme braise,
Jeune, beau, vigoureux :
Mais de la colonelle
C'est le plus scélérat ;
Pour une Perronnelle
Le gueux m'a plantée là.

Il avait la semaine
Deux fois du linge blanc,
Et comme un capitaine
La toquante d'argent,
Le fin bas d'écarlate
A côtes de melon,
Et toujours de ma patte
Frisé comme un bichon.

Pour sa dévargondée,
Sa Magdelon Friquet,

De pleurs toute inondée
J'ai rempli mon baquet :
Je suis abandonnée,
Mais ce n'est pas le pis ;
Ma fille de journée
Est sa femme de nuit.

Une petite rente
Qu'un monsieur m'avoit fait,
Mon coulant, ma branlante,
Tout est au barniquet :
Il retournait mes poches,
Sans me laisser le sou ;
Ce n'est pas par reproches,
Mais il me mangeait tout.

La nuit, quand je sommeille,
Je pense à mon coquin ;
Mais le plaisir m'éveille,
Tenant mon traversin :
La chance est bien tournée ;
A présent c'est Catin
Qui suce la dragée,
Et moi le chicotin.

De ton épée tranchante
Perce mon tendre cœur ;
Saboule ton amante,
Ou rends-lui son honneur :
Le passé n'est qu'un songe,
Une fadaise, un rien ;
J'y passerai l'éponge :
Viens, rentre dans ton bien.

# CHANSON GRIVOISE

*D'un Amant à sa Maîtresse.*

AIR : *Adieu donc, cher la Tulippe.*

MARGOT, pisque t'es aimée,
N'fais pas l'amour si longtemps;
Tu risque à perdre ton temps,
Peut-être ta renommée :
Quand le renom y est perdu,
   Notre vertu
   N'vaut pas un fétu.

Faut te marier à Pâques,
Sans attendre la Saint-Jean;
Le monde y est trop méchant.
T'as connu la fille à Jacques,
Elle a fait tout comme toi;
   Et sur ma foi
   Elle s'en mord les doigts.

Un garçon, sans la connaître,
L'a d'mandée à ses parens;

On allait jeter leux bancs;
Tout était prêt, jusqu'au prêtre;
Mais elle, de jour en jour,
　　Retardait pour
　　Mieux faire l'amour.

Mais, disait-elle, il me semble
Qu'on doit s'fréquenter avant;
Si t'es pressé, cours devant:
J'aurons tout l'temps d'être ensemble.
Dam, j'y voulons réfléchir;
　　Y on peut pâtir,
　　Et s'en repentir.

Un soir, étant arrivée,
Sortant du Vaisseau Royal,
Alle se trouvit fort mal,
All' fit la carpe pâmée;
Mais ce mal-là n'était rien
　　Qu'un petit moyen
　　Pour se trouver bien.

Son fréquenteur la desserre,
Vous ly coupe son lacet:

Il ly défit son corset ;
Mais le meilleur de l'affaire,
C'est qu'après tout ce micmac,
　　Mon drôle, crac,
　　Vous remplit son sac.

Alle en est tombée enceinte ;
Ce coquin l'a plantée là.
Moi je pense, après cela,
Que quand on s'rait une sainte,
On risque toujours biaucoup ;
　　Y n'faut qu'un coup :
　　V'là c'que c'est que d'nous.

# RUPTURE.

ADIEU donc, cher la Tulippe,
Cher la Tulippe, adieu donc :
Tu quittes la garnison,
Tu m'aimais plus que ta pipe :
Voilà que Fanchon la Lippe,
  Sans honneur,
  Engueuse ton cœur.

J'ai passé par les baguettes
Pour t'avoir aimé trop fort ;
Le chien, le double de sort !
Je n'ai pas une cornette,
Tandis que ta Fanchonnette
  Tous les jours
  A nouveaux atours.

Quand j'ajustais ta cocarde,
Et repassais ton col noir,
C'était donc pour aller voir
Cette gentille camarde !
Ces messieurs du corps-de-garde
  Disent bien
  Que c'est fort vilain.

Tu me trouvais si gentille
Avec mon petit air chien !
Hélas ! te souvient-il bien
Qu'un beau jour, à la Courtille,
Tu saboulis ce grand drille
     Qui, je croi,
   Se fichait de moi ?

J'ai fait choix de la Ramée,
Quoiqu'il ne soit que tambour :
Il n'est beau ni fait au tour ;
Mais dedans toute l'armée
Je serai la plus aimée ;
     En amours
   Il va droit toujours.

Buvons encor chopinette
De ce tant doux bran-de-vin ;
Bois au tambour de Catin,
Je bois à ta Fanchonnette :
Baisons-nous en godinette ;
     Mon enfant,
   Fiche-moi le camp.

FIN.

# LETTRES

### DE

## LA GRENOUILLERE,

### ENTRE

## M.ʳ JEROSME DUBOIS,

*Pêcheux du Gros-Caillou,*

### ET

## M.ˡˡᵉ NANETTE DUBUT,

*Blanchisseuse de linge fin.*

## PAR VADÉ.

# LETTRES

DE

## M.ʳ JÉROSME DUBOIS

ET

## M.ˡˡᵉ NANETTE DUBUT.

MANESELLE,

QUAND d'abord qu'on n'a plus son cœur à soi, c'est signe qu'une autre personne l'a : et pour afin qu'vous n'trouviez pas ça mauvais, c'est que j'vous dirai qu'vous avez l'mien. J'ai eu la valissance et l'honneur d'vous voir dans un endroit de danse au Gros-Caillou, par plusieurs différentes fois, et qui pis est, j'ai dansé aveuc vous trois m'nuets et puis l'passepied, en payant; dont je ne r'grette pas la dépense, parce que ça n'est pas suivant ce que vous valez. Pour revenir donc à ce que j'disions, j'm'appelle Jérôme Dubois; et en tout cas qu'vous ne r'mettiez pas mon nom, j'suis ce grand garçon qui a ses cheveux en cadenette, et puis une canne, les dimanches, de jais, et qui a aussi un habit jaune, couleur de ma culotte neuve, et des bas à l'avenant. J'amènerai dimanche ma mère au même lieu qu'vous avez venu la dernière fois, pour qu'alle fasse connaissance aveuc vous; et ça sera fort ben fait à moi que je puisse vous faire sépartager l'amiquié que j'goûte pour vous, dont j'suis avec du plaisir,

MANESELLE,

Vote petit sarviteur de tout mon cœur,

Jérôme Dubois,
Pêcheux d'la Guernouyère,
là où que j'deumeure, pour
attendre vote réponse.

Monsieux,

J'ai reçu vote lettre, là où ce que j'ai lu l'écriture qu'était dedans. J'nai pas un brin la r'souvenance d'vous connaître, et ça m'a fait plaisir d'apprendre de vos nouvelles. Pour à l'égard d'vote politesse, j'ai trouvé du contraire dans la vérité que j'aie yote cœur, à cause qu'on n'a pas le bien d'autrui sans qu'on le donne ; ça fait connaître qu'une fille d'honneur ne prend rien, par ainsi j'nai pas vote cœur. Et puis tous les ceux qui disont ça pour rire n'allont pas le dire à Rome ; car les garçons du jour d'aujourd'hui savent si bien emboiser les filles, que je devrions en être soules ; c'est pourquoi j'vous prie d'brûler ste lettre, dont j'suis aveuc respect.

Monsieux,

Vote très-humbe servante.
NANETTE DUBUT.

# Maneselle,

En verté d'Dieu, vote doutance fait tort à un garçon comme moi, dont la façon que je pense naïbelment est aussi ben du vrai, comme vous avez d'l'honneur. Si je n'avais pas d'l'amiquié envers vous, est-ce que je songerais tant seulement à vote parsonne ? Allez, maneselle, quoique je n'soyons qu'un gueurnouyeux, j'ons peut-être plus d'inspériance dans la vérité qu'non pas un habile homme. Vote darnière lettre est gentille à manger, par où je m'doute qu'vous avez encore plus d'esprit que de mérite; marque de ça, c'est que j'vous envoie une paire d'anguilles, aveuc trois brochets que j'ons pêchés à ce matin, comme par exprès pour vous : j'voudrois qu'ils fussiont d'argent massif, ça sauterait encore ben plus aux yeux, et ça vous f'rait mieux voir que j'vous ai donné mon cœur; car on ne fait pas d'offrande si honnête à un queuqu'un qu'on n'aime pas d'la manière que je suis,

Vote, etc.

Monsieux,

Le jeune garçon dont vous m'avez envoyé pour qu'il me présente vote offrande, j'ly ai dit d'ma part qu'il n'avait qu'à l'porter à la Halle. A nous des présens ! Eh ! pourquoi donc faire ? Eh ! mais vrament, monsieux, pour qui nous prenez-vous ? Si j'aimions un queuquezun, je n'voudrions rien pour ça. Eh mais ! vous dis ! ne v'là-t'y pas comme Charlot Colin a fait à l'endroit d'ma sœur Magdelon ? Le chien qu'il est ly a comme ça usé d'pricaution à l'endroit d'elle. Alle a reçu tout ce qu'il ly a donné ; et puis après, l'vivant, d'abord qu'il a eu le plus beau et le meyeur de son amour, il vous l'a plantée là, qu'elle a eu une fatigue de trouver à se marier ! Excusez si j'nen fais pas tout de de même, et si j'prends la liberté de ne pas être

Vote , etc.

## Maneselle,

Dieu m'présarve plutôt d'vote malédiction que du rheume où je suis à force de me chagriner. Je suis fâché d'vous avoir fait une manque de bien-veillance ; ça m'apprendra à vivre : j'voudrais avoir les chiens d'poissons dans l'ventre. Parguié ! j'ai ben du guignon ! Ah ! maneselle Nanette, ne me jouez pas l'tour de ne plus avoir affaire à moi ; car j'aimerais quasi mieux me voir à la mort, que d'voir de mes yeux vos bonnes grâces pour moi à l'extermité de leur fin, et que de ne pas augmenter l'amour dont le bon motif est en verté comme,

Vote, etc.

MANESELLE,

V'LA deux jours que je n'dors pas, dont le chagrin
me rend triste de plus en plus, sans qu'vous répon-
diez à ma lettre, stelle-là d'avant stelle-ci. Queu
malheur ! Foi d'honnête garçon, ça me désole. J'ai
faim, et j'nai pas l'courage d'manger ; ma mère croit
que j'vais d'venir enragé ; tout le monde rit, et moi
j'pleure comme un saint Pierre. Il fait beau temps,
je prends ça pour d'la pluie : tout m'semble à la
r'bours, et tout ça à cause de vous. Tenez, maneselle Nanette, je vous le dis, si par hasard je ne
touche pas de vos nouvelles après qu'vous aurez
lu ce qu'vous allez lire, j'fais une vente de tout mon
vaillant, et j'men vas trouver un prêtre d'note paroisse, j'ly donne tout mon argent à celle fin qu'il
prie Dieu qu'il vous consarve, et puis j'men reviens
sur la gueule de mon bachot, et crac dans l'eau la
tête devant. Les poissons qui seront la cause de ma
mort, me mangeront pour leur peine.

Vote, etc.

Monsieur,

J'n'avons pas le cœur aussi dur que du mâche-
fer; je n'demandons pas la mort d'un vivant comme
vous; ben du contraire, si je ne vous ai pas écrit
une réponse à l'autre lettre d'avant advanzhier,
c'est qu'mon frère Jean-Louis, qui s'est brûlé une
de ses mains droites, a usé toute l'encre pour mettre
dessus sa brûlure. Ça n'empêche pas qu'une autre
fois ne m'envoyez plus de présent toujours, car y
gn'aurait plus à dire un sacage de regrets dont vous
auriez été mortifié: une fille de vertu a de la pensée
dans l'cœur, dont alle peut se vanter que sa conscience n'a pas une épingle à redire, tout d'même
qu'ma mère qu'est une femme d'honneur, comme
j'suis,

Vote, etc.

Ma mère ira demain dimanche aveuc moi au
Gros-Caillou, comme y avait dimanche huit jours;
si vous venez itou aveuc la vote, mettez un peu d'
poudre à vos cheveux, sans qu'ça paraisse.

Maneselle,

C'est ben dommage que c'nest pas tous les jours dimanche comme le jour d'hier, car j'aurions la consolance d'nous voir tant qu'assez. Jarni! que j'étais aise d'être content en mangeant ste salade aveuc vous, maneselle, de chicorée sauvage! Il me semblit que je grugeais du selleri, tant vos yeux me donniont des échauffaisons. J'ai dansé nous deux vote mère; mais alle n'danse pas si ben que vous. Alle voulait pourtant dire que si; moi j'n'ai pas voulu ly dire qu'non, parce qu'alle n'est pas une étrangère : mais vous qu'avez une téribe grâce quand vous dansez l'allemande! le violon n'peut pas vous suivre. Et puis aveuc ça vous chantez comme un soleil; en verté plus j'vous r'gardais, et plus j'trouvais qu'vous aviez l'air d'un miracle. Je vous ai embrassée aveuc la permission d'la copagnie : j'étais à moi seul plus ravi qu'tous les bienheureux qu'y gna eu depuis que l'monde est dans l'monde. Vous s'rez toujours dans l'idée d'ma mémoire; j'vous dis ça hier, ça m'vient encore dans

la pensée, parce que c'est une espèce d'amiquié
d'ardeur qui fait que j'vous dis ce que j'vous dis,
comme si j'pouvais être encore plus chenument,

> Vote, etc.

---

MONSIEUX,

Vous m'dites avec d'l'écriture comme par paroles, qu'vous m'aimez ben; j'crois ben en Dieu.
J'voudrais ben savoir par queulle occasion vous
m'dites ça; c'est p't-être d'la gouaille qu'vous me
r'poussez. Tenez, c'est qu'y a des garçons qui avont
tant d'amour! tant d'amour! qu'ils le sépartageont
à toutes les filles qu'ils voyont: c'est, Dieu me pardonne, comme des parpillons qui faisont politesse
à une fleur, et puis qui faisont par ensuite comparaison aveuc une autre. Si en cas vous n'êtes pas
tout d'même, Dieu soit béni! Ça m'fra figurer dans
mon esprit qu'vous avez ben d'l'égard pour ma
considération. Je n'veux plus vous écrire comme
ça, car ça mange mon temps, ça recule mon ou-

vrage, et votre honnéteté avance dans mon inté-
rieur plus que d'coutume. J'suis en attendant,

Vote, etc.

---

# Maneselle,

Vous avez dans vote tête des escrupules pour
moi, dont j'voudrais faire invanouir la doutance ;
l'desir d'mon espérance touchant vote sujet, n'veut-
y pas dire que j'serai vote sarviteur tout au mieux ?
Premièrement, vous êtes beaucoup belle, et pis
moi j'suis parsévereux. Oui, maneselle, j'voudrais
qu'ma vie en soit quatre, et puis les mettre au bout
l'une de l'autre, ça serait pour vous sarvir plus long-
temps : l'témoignage de ça n'a pas besoin d'signi-
fiance ; car l'article d'la mort me fera tout comme
d'un clou à soufflet ; et pis quand même j'mourrais,
je n'changerais pas pour ça. Les autres filles n'me
convenont pas comme vous ; qu'elles viennent pour
voir auprès d'moi, comme sarpeguié j'vous les ac-
cueillerons ! Alles auront beau dire : Monsieux Jérôme, comme ça va-t-y ? Eh, hu! j'te réponds par

dessus l'épaule. Mais tiens, vois donc, s'diront-elles, il est ben fier! comme y fait! Allez, maneselle, que j'dirai, ça est énutile, v'là tout; cherchez des faraux ayeurs. Adieu, maneselle Nanette; j'prenrons la vanité d'vous aller voir demain, avant l'après-dîner, pour vous dire que j'suis tout en plein,

Vote, etc.

---

## MONSIEUX,

N'VENEZ pas comme ça d'si de bonne heure, comme c'est qu'vous avez venu hier; ma mère vient de m'dire qu'note linge était mal repassé, et qu'ça venait de ce que vous n'veniez pas assez tard: faut venir le soir, voyez-vous! car je ne saurais vous voir et travayer, ça fait deux tâches tout en un coup. En revenant nous revoir demain, n'manquez pas d'amener aveuc vous ste chanson qu'vous avez chantée d'vote voix avanzhier; ma mère m'a dit qu'alle était gentille à manger: c'est une vivante qui s'y connaît; sa comère qu'est marchande de ça, l'y en donne une infinité horibe. Gnia itou un jeune garçon qui y sera, qui en sait par cœur tout fin plein. Tâchez qu'vote cousin, en revenant de Sève, tumbe cheux nous; ça f'ra qu'plus on est de fous, et plus on rit. Ma marraine Marie-Barbe et puis sa fille alles vianront exprès. Je leur ai fait envoyer dire par hasard, qu'alles n'auriont qu'à venir, à moins qu'elles n'aient pas le temps, comme de raison queuquefois. Pas moins j'suis,

Vote, etc.

---

## Maneselle,

J'nous avons ben divarti hier : jarnonce! qu'vote marraine devise ben! c'est aussi pire qu'vous. Cependant pourtant s'il y avait une pariure à faire de laqueulle de tous les deux qui a plus de choses dans le gazouillage, j'mettrais ma tête à couper qu'vous r'gouleriez votre marraine sur toutes sortes. Pour au sujet de cadet Hustache qui a donc chanté le plus fort ( pendant deux heures ) d'la copagnie, c'est un fignoleux; mais y fait trop l'fendant : à cause qu'il a du bec, et qui sait la rusmétique comme

un abbé, y veut fringuer pard'ssus nous. Y n'a qu'
faire de tant faire; je l'connais ben : c'est un petit
chien d'casseux, qui a des sucrés nazis un peu trop
derechef. Qu'il n'y revienne pas davantage, à mon
occasion toujours, car je le r'mûrais d'un fier goût;
et sans l'honnêteté que j'vous dois, j'y aurions fait
voir qu'j'avons des bras qui valont ben sa langue.
Ai-je t'y affaire d'avoir besoin de ça moi ? Y m'a
fait tout d'vant vous une dérision sur la chanson
que j'avons contée en vote honneur. Ça fait-y plaisir
à un queuqu'un comme j'pourrais être ? J'voudrais
ben voir, pour voir, comment y f'rait pour en faire,
lui qui fait tant l'olemberius. Ste chanson alle est
belle et bonne ; alle devient d'un d'mes amis que
je connais, qu'est cheux un bureau d'la barrière des
Invalides, qu'a d'l'esprit, dame ! faut voir ! et qu'en
mangerait quatre comme cadet Hustache. J'y avons
payé du vin pour ça, et j'vous l'envoyons, comme
vote volonté l'désire.

A I R : *En passant sur le Pont-Neuf.*

J E suis amoureux très-fort,
( En v'là pour jusqu'à ma mort )

De la plus belle parsonne
Qui gnaye dedans Paris,
Et c'est ç'qui fait que j'ly donne
Mon cœur qu'alle m'avait pris.

Je ly jure sur ma foi,
Que je l'aime autant que moi;
Son nom s'appelle NANETTE.
Si je peux ly plaire un jour,
Ma fortune sera faite;
Ma richesse est son amour.

La v'là comme alle est. Maneselle, ça n's'ra pas la darnière, car j'en aurons p't-être encore. J'm'en irai d'main à Saint-Cloud, environ la valissance d'huit jours, dont v'là mon adresse : *A monsieux Jerôme Dubois, à l'Image Saint-Glaude.* J' n'ose pas vous aller dire mes aguieux, car ça m' f'rait une peine de chien; ça n'empêche pas que je n'vous quitte avec la même quantité d'amiquié comme si je n'vous quittais pas, pour vous signifier que j'suis volontiers,

Vote, etc.

# MONSIEUX,

J'vous souhaite un bon voyage et une parfaite santé accompagnée de plusieurs autres. V'là donc huit jours qu'je n'vous voirai pas qu'dans ma pensée! Enfin faut prendre patience; mais j'vous dirai queuque chose touchant l'discours de vote lettre d'hier. Ça n'est pas permis qu'on soye d'mauvaise himeur dans l'plein cœur d'la joie : vous avez roulé vote corps dans la politesse, et vous manquez dans la civilité, par la magnière qu'vous avez agi sur la conversation de monsieu cadet Hustache. Ce garçon, il est drôle comme tout, et y n'mérite pas la fâcherie qu'vous ly faites. Queu mal y-a-t-y d'rire l'un aveuc l'autre? J'vous dirai qu'dans l'monde faut vivre aveuc les vivans. J'sais ben qu'il a fait une moq'rie sur vote intention; mais alors qu'on gouaye pour badiner, ça n'est pas pour tout d'bon : un joli garçon prend ça d'la part qu'ça vient. J' n'aurais donc eu qu'à m'fâcher aussi comme ça, drès qu'ma tante m'a dit queuques railles sur la raison du nom que je m'nomme, quand alle a dit :

« Ma nièce Nanette a de l'esprit comme un dragon,
« c'est dommage qu'alle porte le nom d'Ane pour
« sa fête. » Et moi j'vous ly ai répondu, dame!
comme on répond quand on sait répondre : « Allez,
« si j'suis âne, ma tante, j'n'en ai pas moins la
« crainte d'Dieu d'vant les yeux. » Là-dessus alle
s'est tait ben vîte, comme vous savez; et puis alle
a changé d'discours sur un aute langage ben plus
moins gausseux. Ça vous montre-t-y pas que j'de-
vons être pas tant d'une himeur qui s'offense, comme
si ç'était ben gracieux d'être comme ça? C'est pourquoi faut mieux du caractère aisié qu'du rude : moi
j'aime mieux un mouton qu'un loup; parquoi j'
voudrais qu'vous ayez un peu d'douceur pour que
j'vous r'gardîs comme un mouton, comme j'y serai
toujours,

Vote, etc.

## Maneselle,

C'est ben vrai ce qu'vous dites-là : faut pas s'arrêter à la langue d'un moqueux ; et puis queuque ça m'fait tout ça, pourvu qu'j'ayons une branche d'vote amiquié ? J'faisons plus d'contenance d'un filet d'vote paroli, que d'un tas d'jazeux qui se faisont gros comme des bœufs, à cause qu'ils avont pour deux yards d'inloquence. Vous n'avez qu'à dire ; moi j'serai doux, morguié ! comme d'l'eau d'anis, pour marque d'obéissance. A propos, j' sommes arrivés à bon port, hormis qu'j'ons pensé périr roide comme une barre. Faut que j'vous conte ça. Tenez, maneselle Nanette, imaginez-vous que j'sommes dans un grand bachot qui voyage à val-pont ; j'équions à vingt pas d'la grande arche du pont d'Saint-Cloud. J'dis à Jean-Louis : « A moyau ! « hé ! à moyau ! » V'là mon chien qu'était soul comme un trente mil gueux, qui force l'gouvarnail d'une rude force ; ça fait faire au bachot l'coude. Sarpeguié ! j'dis, nous v'là ben ! J'veux raviser à mont tout d'même, c'est énutile : et puis tout d'suite la gueule du bachot, pan, s'éclavante contre la pile. J'croyais, l'guiable m'enlève, que j'équions logés; mais par bonheur j'n'eûmes pas d'malheur; j'en fûmes quittes pour un pot d'rogome que j'bûmes à la santé d'la providence, pour sa peine qu'alle nous avait présarvés d'aller tretous à la Morne. Je n' craignais de surnager qu'dans la peur de n'plus être,

Vote, etc.

MONSIEUX,

Y a du grabuge à note maison par rapport à moi et ma mère, à cause d'vous. J'étais après à lire vote lettre dont j'nai pu achever la fin, comme vous allez voir: si ben donc qu'v'là qu'est ben. Ma mère entrit sur le champ; alle m'dit bonnement: Quoiqu'c'est qu'ça qu't'as-là? Moi j'dis, rien. Ah! dit-elle, c'est queuque chose. Ce n'est rien, j'vous dis. J'parie, dit-elle, qu'c'est queuqu'chose. Pardi, ma mère,

j'dis, ce n'est rien : et puis, quand ça serait queuqu'
chose, j'dis, ça n'vous f'rait rien. Là–dessus alle
m'arachit vote lettre, et puis alle lisit l'écriture tout
du long. Ah! ah! se mit–elle à dire, c'est donc
comme ça qu'vous y allez aveuc votre Jerôme Dubois? Ah! le chenapan, il l'attrapra! c'est pour ly,
on ly garde! Et toi, chienne, v'là pour toi. Quoi!
vous vous écrivez d'zécritures en d'sous main! Malhureuse que t'es! v'là donc c'que t'as appris au ca-
téchisse? *Encore si c'garçon-là pouvait faire un*
bon assortissage, j'dirais. Mais, ma mère, j'dis,
c'est un bon travayeux; je n'sommes pas plus qu'ly :
une blanchisseuse n'est pas une grosse dame. Oui-
dà! dit-elle, y a blanchisseuse et blanchisseuse ;
toi, t'es blanchisseuse en menu ; et quand même tu
n'blanchirais qu'du gros, drès qu'on za de l'induca-
tion, gueuse, fille de paille vaut garçon d'or. Eh
ben, j'dis, ma mère, quoiqu'je n'soyons pas de
paille, je n'voulons point d'homme d'or ni d'argent.
Nous en faut un tout comme monsieux Jerôme
Dubois. J'suis fille d'honneur, il est honnête garçon :
oui, ma mère, j'nous aimons à cause d'ça; et j'nous
aimerons tant que l'corps nous battra dans l'ame.

Là-dessus alle m'a encore appliqué une baffre d'sus l'visage, et puis alle a dit que j'ly paierais; mais ça n'empêchera pas l'continuage d'l'amiquié dont j' suis,

Vote, etc.

---

M ANESELLE,

C'EST pour vous r'marcier d'la magnère qu'vote mère a été r'bouisée par la soutenance d'vote farmeté à mon sujet; et c'est fort mal fait à elle d'avoir dit ça : si j'n'avons pas des richesses, j'ons un savoir-faire. Qu'alle ne fasse pas tant la bourgeoise; si alle a d'la valeur, c'est qu'alle a fait une brave et genti fille comme vous, sans ça j'n'en donnerais pas la moiquié de rien. Pour à l'égard de c'qui est d'moi, j'vous aime tant, qu'au lieur de n'partir qu'lundi, j'décampe demain. V'là quatre jours que je n'vous vois pas; m'est avis qu'c'est comme si j'avais été quatre mois au For-l'Evêcre. Queu diante d'train qu'l'amour! on est comme des je n'sais pas quoi. J'crois moi que j'suis malade; quand j'travaye, les bras m'tumbont ; j'suis triste, et puis j'pense à vous comme si j'n'avais qu'ça à faire ; et puis quand j' suis couché, j'vous lâche d'grosses respirations, comme si on m'avait fiché l'tour : j'ai beau me r'tourner sur un côté et puis sur l'autre, je n'suis pas pus avancé à quatre heures du matin que j'l'étais drès en m'couchant ; et puis à la fin j'm'endors gros comme un rien. J'crois que j'vous vois en rêvant, et tout d'suite je m'réveille pour vous saluer : craque, j'ten casse ! j'trouve que mon rêve s'est moqué d'moi. Je n'sais pas c'que ça veut dire ; j'dirai à ma mère qu'a m'fasse saigner, car c'est comme une fièvre : p't-ête qu'd'abord que j'vous voirai, ça ira mieux ; car j'sens ben que j'sens ça. J'ai dit à mon cousin qu'je l'priais d'donner ste lettre-ci à vote marraine, pour afin qu'vote marraine vous la donne du meyeur plaisir qu'j'aie en vous estimant, sans oublier la parfection dont j'suis,

Vote, etc.

# Monsieux,

Du d'puis qu'vous v'là r'venu de r'tour, vous n'avez entré cheux nous qu'deux fois : ma mère, quoiqu'alle y était, n'a pas empêché qu'vous ly d'mandiez, comment ça va-t-y ? Pour à propos de ce qu'vous y avez parlé touchant sa volonté d'nous voir ensembe, alle vous a donné la parmission de ça pour *tous les soirs, et vous n'venez seulement* pas : ça m'fait d'la peine, parce que j'pense en moi-même qu'vous avez p't-ête du sentiment pour une autre parsonne, c'qui f'rait voir que j'suis comme la moindre au vis-à-vis d'vote cœur. J'avons ben ri hier après note ouvrage. Y a cheux nous la même copagnie qu'il y avait l'jour d'la dergnère fois qu' vous y étiez. L'petit cadet Hustache avait été la veuille aux danseux d'*corde : il nous a dit l'histoire* d'tout ça tout droit comme si pardi c'était un théâte : vous auriez ben ri toujours. Ah ça ! écrivez – moi donc la raison dont je n'vous ons pas vu du d'puis l'jour qu'vous équiez d'un visage comme triste d'vant tout l'monde ; vous chagrinait-y de m'voir ?

Tâchez d'faire en sorte que j'vous voie un air content, comme j'suis quand j'vous dis que j'suis

Vote, etc.

————

M ANESELLE,

J'VOUDRAIS être mort qu'y m'en eût coûté la vie,
parce qu'vous êtes ben aise quand cadet Hustache
vous fait rire. J'dirais ben tout comme ly des risées ;
mais d'abord que j'suis auprès d'vous, je n'sais pas,
j'ai l'esprit, sur vote respect, comme une bête :
quand j'vous r'garde, y sembe qu'ma parole s'fourre
itou dans mes yeux, et que j'nai d'aute discours à
vous dire, que stilà d'vous r'garder. J'vois ben qu'
vous aimez cadet Hustache ; car vous ly dites toujours, *dites-nous donc encore queuque chose.* Pour
moi y m'tue quand j'l'entends, et c'est la cause pour
quoi y a trois jours dont j'vous ai manqué d'vous
voir ; et quand j'ons eu st'honneur-là, ça n'était
parguié pas pour maneselle Marianne, ni pour
maneselle Babet, ni pour maneselle Madelon, ni

pour maneselle Tharèse que j'y allais, vantez-vous-
en, et sans vanité j'y allais pour vous toute fine
seule. Elles aviont beau faire les faraudes en magnère d'être agréyables, ça n'me faisait seulement
pas déranger l'attache d'ma vue de d'sus vote parsonne : gna qu'vous qui m'sembe une parle d'or, et
qui m'fait du plaisir à voir. Au lieur qu'ça soit de
d'même du côté d'vous, j'vois qu'vous voyez sticy,
stilà, aveuc autant d'plaisir que d'satisfaction, et
cadet Hustache encore plus fort. Eh ben! vous
n'avez qu'à l'garder ; pour moi j'aime mieux crever
d'chagrin par l'absence d'vote présence, que d'voir
c'p'tit chien-là cheux vous comme y est ; c'est vrai :
car, foi d'honnête garçon, j'suis envieux de ly autant qu'je n'serais pas envieux, si je n'avais pas
l'amour dont j'suis,

Vote, etc.

## Monsieur,

Faut s'taire avant que d'parler ; c'est ben vilain
d'être envieux sans l'occasion d'un sujet. Cadet
Hustache est drôle, mais j'ne vous changerais pas
pour deux comme ly. T'nez, monsieur Jérôme
Dubois, j'm'en vas, sans comparaison, vous faire
une comparaison. Ah! ça, supposons qu'cadet
Hustache est un chat, là ; et puis vous, vous serez
un chien : excusez au moins, c'est que j'suppose
ça. Et moi j'serai, révérence parlé, une dame ; que
j'serai la maîtresse du chat et puis la maîtresse du
chien. N'est-y pas vrai que c'chat f'ra des singeries ?
et pis moi j'rirai. L'chien aura une aute magnère
pour être avenant, y m'suivra, y m'caress'ra ; et moi
je l'flatt'rai, et j'aurai envers ly une façon d'amiquié, parce qu'c'est par amiquié que ste pauvre
bête fait tout ça ; au lieur que l'chat n'joue qu'par
accoutumance et pour la récréance d'ly-même : ça
m'réjouira mes yeux de l'voir, mais v'là tout. Par
ainsi vous voyez ben qu'c'est vous qui est putôt
dans la perférance que j'choisis pour l'meyeur par-

tage. Vous en voulez à cadet Hustache de c'qu'y vient cheux nous ; moi j'e n'peux pas l'renvoyer : voyez donc, ça serait-y gracieux ? Ma mère trouverait ça une injure pire qu'une offense dont on f'rait au jeune homme, parce qu'c'est une malhonnêteté d'être incivile au sujet du monde sans sujet. Et puis aveuc ça ma mère m'demand'rait d'où vient qu'ça est comme ça ? Faudrait donc après que j' dise : C'est monsieux Jérôme Dubois qui veut qu' ça soit comme ça, parce qu'si ça n'est pas comme ça, y s'renvoiera ly-même d'cheux nous. Ensuite ma mère alle f'rait l'train comme un sarpent, et j'en serions mauvais marchands. V'nez putôt rire tout d'même qu'les autres, et puis ensuite vous voirez qu'je n'ferai d'l'amiquié qu'à vous, parce que c'n'est qu'à cause d'vous que j'suis

Vote, etc.

# Maneselle,

J'ai agi selon comme vous vouliez l'jour d'la fête : j'ai venu cheux vous toute la journée, et m'est avis que j'ai ben fait ; car vous m'avez marqué des signes d'amiquié une fière bande. J'veux être grenouille, si je n'croyais pas être dans l'fin fond du paradis ; ça n'empêche pas que je n'souffre une *souffrance qui m'f'ra périr mon corps* : j'ai à tout moment l'cœur comme si vous me l'serriez à deux mains. J'm'en vas vous écrire au bout d'ça une chanson dont c'est moi qu'est l'ouvrier. Je n'savais pas que j'savais faire de ça : vous êtes morguié pire qu'une maîtresse d'école ; car c'est vous qui m'donne d'la capableté dans l'esprit. V'là donc qu'vous allez chanter la chanson qu'c'est moi qu'j'ai travaillée hier au soir avant d'm'endormir.

## CHANSON

Sur l'air : *Dedans Paris quelle pitié !* etc.

L'amour est un chien de vaurien
Qui fait plus de mal que de bien :

Habitans des galères,
N'vous plaignez pas d'ramer;
Vote mal c'est du suque,
Près de sti-là d'aimer.

Ce fut par un jour de printemps
Que je me déclaris amant,
Amant d'une brunette
Bell' comme un Curpidon,
Portant fine cornette
Posée en parpillon.

Alle a tous les deux yeux bryans
Comme des pierres de diamans;
Et la rouge écarlate
Que l'on voit zaux Gobelins,
N'est que la couleur jaune
Au prix de son blanc teint.

Alle a de l'esprit fièrement
Tout comme un garçon de trente ans;
Ça vous magne d'l'ouvrage!
Dam' faut voir comme ça s'tient!
L'diable m'emporte, une reine
N'blanchirait pas si bien.

Je sais ben qu'y n'tiendrait qu'à moi
De l'épouser, si all' voulait:

Son sarviteur très-humbe
Attend sa volonté ;
Si ça se fait ben vîte ,
Fort content je serai.

Ma mère m'voit tous les jours amaigrir ; alle croit qu'j'ai d'la maladie : alle a prié note voisine qu'alle s'en aille à la bonne sainte Genevieuve pour auquel une de mes chemises touche à sa châsse , et qu'ça m'guérirait ; moi j'la prierais putôt pour que j'fasse mon accord d'mariage aveuc vous. J'irai demain vous civiliser, et puis j'f'rons un entrequien d'conversation là-dessus , pour en cas qu'ça vous fasse plaisir que j'fasse parler ma mère à vote mère, afin que j'voyons la définition de tout ça ; par quoi j' serai infiniment

Vote, etc.

# Monsieux,

Vous avez sorti d'cheux nous vendredi en façon d'un homme qu'est comme une fureur pour la cause que j'vous ai pas consenti sur la d'mande auquel vous m'avez dit que j'vous dise une réponse. Y a encore du temps pour que j'nous avisions d'être mariés. A Pâques prochain qui vient, j'n'aurai qu' vingt-trois ans. Faut vous donner patience : pardi! moi, j'veux encore queuqu'temps faire la fille ; et puis quand la fantaisie d'être femme m'prendra, j' vous l'dirai. Ma marraine dit comme ça, qu'y gna pas d'temps plus genti pour une jeunesse que où ce qu'on se fait l'amour ; par ainsi, quoiqu'ça vous coûte pour n'pas attendre un peu plus davantage ? Ça n'peut pas vous enfuir. Voyez, par exempe, ma cousine Manon, qu'alle est mariée depuis il y a quate mois : hé ben! alle est devenue sérieuse, sérieuse comme une déterrée, au lieur qu'alle était, quand alle était fille, si de bonne himeur, qu'c'était la parle des creyatures qui ont plus d'joyeuseté dans une copagnie. J'vous dirai qu'j'avons chanté *ste*

chanson qu'vous m'avez fait : tout l'monde dit qu'
vous avez d'l'émagination comme la parole d'un
ange ; et ça m'fait dans l'cœur, comme si c'était un
p'tit brin d'vanité, qu'vous soyez mon sarviteur d'la
même attache que j'suis

Vote, etc.

J'irons dimanche manger des beugnets cheux ma
marraine ; y aura fièrement d'monde : v'nez–y, j'
croirai qu'n'y aura qu'vous seul.

Maneselle,

Si vous n'maimez pas, vous n'avez qu'à me l'faire
à savoir, parce que si ça est, j'n'en serai pas pus
pauvre. T'nez, nous autres, j'ne nous en raportons
pas aux gesticulemens des yeux, dont l'cœur leux
donne des démentis. Dimanche, en jouant au pied-
d'bœuf, vous tâchiez toujours d'attraper la main à
cadet Hustache pour ly commander d'embrasser la
copagnie, à celle fin qu'vous y trouviez itou vote
cote-part : vous aviez beau m'présenter des clins-
d'œil pour m'faire bonne bouche, y n'me passiont
pas l'nœud d'la gorge. Apparemment qu'je n'suis
pas genti, suivant l'goût d'vote magnère ; mais j'ai
du cœur toujours ; et si vous équiez aussi ben un
garçon tout comme moi, j'nous saboulerions jusqu'à tant que l'guet nous menît cheux l'commissaire qui vous condamnerait à avoir tort, parce qu'
vous êtes une manqueuse de parole. N'm'avez-vous
pas dit comme ça que quand j'nous serions aimés
avec d'l'amour, jecomparaisserions d'vant un prêtre

au sujet du mariage ? A st'heure-ci qu'cadet Hustache vous a engueusée, y sembe, quand j'vous
parle d'amiquié, qu'ça vous dévoye ; et puis quand
j'vous d'mande si vous voulez que l'saquerment n'
fasse d'nous deux qu'une jointure, vous m'dites qu'
vous n'vous sentez pas d'vacation pour la chose. Ça
étant, dites-moi du oui ou du non, si vous voulez
rompre la paille avec moi, parce que je n'veux pas
être l'dindon d'vos attrapes : y en a d'autres qu'vous
qui n'm'en r'vendront pas comme vous m'en avez
r'vendu ; car je f'rai ce qu'y faut faire pour ça ; tout
l'monde n'trichera p't-ête pas.

Vote, etc.

# Monsieux,

V'là donc comme vous y allez! Ce que vous faites là est traîte comme un chien, avec vote engueusement et vote cadet Hustache. Quoi qu'tout ça veut dire? J'vois ben vote allure; vous voulez m'faire enrager à celle fin que j'vous fasse des duretés, pour qu'vous disiez après qu'c'est moi qu'est l'original de note brouillerie; et puis vous m'souhait'rez le bon jour, pas vrai? Fallait m'dire ça putôt, j'n'aurais pas tant fait bisquer ma mère. La pauvre femme! alle avait ben raison! Mais qu'vous êtes genti aveuc vos complimens! Quoi qu'c'est que l'dindon d'mes attrapes? Allez, monsieux, vous êtes un diseux d'sottises; allez vous promener et cadet Hustache itou: j'avons, Dieu marci, ce qu'y faut pour être glorieuse d'note honneur. Y a deux ans que j'voulois entrer pour être sœur blanchisseuse à l'Hôtel-Dieu; j'irai, dà, et drès dans huit jours. Tout c'qui m'fait d'la peine, c'est qu'j'avais du plaisir à vous aimer; j'serais ben malhureuse si ça m'durait; mais j'prierai ben l'bon Dieu à toutes les fois que j'penserai à vous, et puis p't–ête que j' n'y penserai plus. Allez, faut qu'vous soyez ben mauvais pour m'avoir dit toutes les feintises d'ami- quié que j'prenais pour du vrai : parsonne ne m' sera de rien; et pour le coup j'suis

Vote, etc.

# Maneselle,

J'vous demande pardon, comme si j'vous d'man-
dais l'aumône : si j'vous ai fait du chagrin, ce n'est
pas par exprès ; c'est que j'vous aime si terrible-
ment, qu'j'appréhendais comme le feu d'vous par-
dre. J'vous aurais perdue si cadet Hustache vous
avait trouvé d'la pente pour son inclination, j'
croyais ça ; et j'm'en allais aller demain cheux lui
aveuc ma canne pour nous battre à l'espadron : j'
sais magner ça, et j'nous serions r'layés infiniment.
Ah! maneselle Nanette, que j'vous suis ben obligé
qu'c'est moi qu'vous aimez tout seul ! Je m'moque
à st'heure-ci que cadet Hustache fasse le p'tit ribo-
teur risible : quand y vous divartira, ben au lieur
que ly en vouloir, j'ly paierai queuque chose. Ah
ça ! raccommodez-vous donc nous deux, aussi non
j'm'engage soldar dans la guerre : j'irai par exprès
m'faire blesser, et puis j'dirai qu'on m'porte à
l'Hôtel-Dieu de Paris, là où ce que vous seriez

sœur ; j'vous f'rais d'mander pour qu'vous m'voyez dans mon lit ; on aurait beau m'guérir, j'nen revienrais pas pour ça. Voyez queulle belle gracieuseté qu'vous auriez, d'voir mourir tout-à-fait

Vote, etc.

# Monsieux,

J'suis bonne, moi, et ça fait que j'nai pas un brin d'rancune. J'pleurais comme une folle hier, d'nous voir fâchés tous les deux pour l'amour l'un de l'autre : ma mère vint à venir ; alle vit que j' tenais ma tête d'une main, et puis mon mouchoir de l'autre. Moi je m'leve par semblant de rien pour sortir un peu ; alle m'dit, Où qu'tu vas ? queuqu't'as ? T'as les yeux mouillés ? Alle m'prend par le bras ; alle veut que j'ly conte l'occasion pour quoi qu' j'avais l'air d'une couleur pâle et puis les yeux gros. J'ly dis que j'veux être sœur à l'Hôtel-Dieu. Alle se met à pleurer itou, et puis moi je r'pleure encore. Ah ! dit-elle, j'aime mieux qu'tu sois mariée qu'd'ête religieuse. Tiens, ne pleure pas : qui qu' tu veux épouser ? tu n'as qu'à dire. Mais dis donc ? Veux-tu d'monsieur Jerôme Dubois ? Là-dessus j'ly montris vote darnière lettre. Oh ben, dit-elle, puis qu'y t'aime ben, je n'veux pas qu'y s'engage soldar ; tu n'as qu'à voir si tu l'aimes ben itou ; y n'a qu'à venir me parler, ça sera bentôt fait. Là-dessus je l'ai embrassée d'tout mon cœur. Venez donc ben vîte : allez, si vous saviez que j'suis aise au prix d'hier ! Je voudrais déja être fiancée ; ça ferait que j'serions ben près d'être mariés. Queu plaisir que j'aurai d'être votre sarvante et femme !

# LETTRE

### DE

## M.ʳ CADET EUSTACHE,

### A

## M.ʳ JEROME DUBOIS.

Mᴏɴsɪᴇᴜx,

V'ʟᴀ ben des fois que j'nous sommes essayés de prendre la licence d'vous dire par écriture note compliment sur vote mariage avec maneselle *Nanette Dubut;* j'ons toujours été en arrière de note desir. Cependant pourtant j'y passons dans la moulure d'vos lettres pour un fignoleux. A vote avis j' faisons trop l'fendant, et j'y voulons fringuer par-dessus les autres, à cause que j'ons du bec, et que j'savons la rusmétique comme un abbé. Vous dites comme ça qu'vous nous connaissez ben, et que j'sis un p'tit chien d'casseux qui a des sucrés nazis un peu trop d'rechef. J'ons d'la r'souvenance, et j' savons qu'ils ont fait tout d'vant vous une dérision sur la chanson que j'prîmes la valiscence d'entendre, quand j'étions d'la copagnie où on la chantait en l'honneur de stellà qui chante comme un soleil, qui a d'la pensée dans l'cœur dont all' peut s'vanter que sa conscience n'a pas une épingle à redire. Aussi, plus j'la r'gardons, même au jour d'aujourd'hui qu'all' est madame vote femme, et plus j' trouvons qu'all' a l'air d'un miracle...... Eh ben ! M. Jerôme, j'sis fâché à présent d'vous avoir fait une manque d'bienveillance ; car, morgué, j'vous disons aveuc d'l'écriture comme par paroles, que j'vous aimons ben, et vote femme itou. Le saquerment n'fait d'vous deux qu'une jointure qui n'est pas comme celle des autres que j'passons dans note bachot, pour à celle fin de prendre le frais d'l'iau dans l'bain d'la rivière. A propos de ce qui est en cas d'jointure, j'vous dirons qu'j'nous sentons d'la vacation pour la chose du mariage à l'endroit de maneselle *Louison*. Quand j'serai marié, j'vous prierons d'la nôce. J'agissons aveuc vous, monsieux Jerôme, comme d'coutume, et j'voulons toujours être

Vote très-humbe serviteur,

CADET EUSTACHE,
Maîte Passeux tout en devant
de Zinvalides, demeurant sur
la gauche du chemin qui enfile
tout droit au Gros-Caillou.

F I N.